也許你也曾經迷路
在生命的傷痛裡兜圈子
但要相信自己
一定找得到回家的方向。
好好接納各種不堪，
迎接光明的第一步。

迷路回家

蔡稀尹 /著

生命為我拐了許多彎

她的創傷，來自父母多年的漠視
在遭受遺棄、被侵犯、罹癌末期……
夢境的警示，帶她走出困境，
藉由赤裸的告白，爲活在谷底的朋友，
照耀出一道溫暖的希望。

各界名人溫暖見證

（依姓名筆劃排序）

中華日報副刊　主編
羊憶玫

新思維國際顧問有限公司　董事長暨首席講師
吳雅玲

博亞法律事務所　主持律師
高奕驤

優活健康傳媒股份有限公司　執行長
郭士賢

禾馨健康事業公司　執行長
郭肖予

凱瑞生物科技股份有限公司　董事長
陳志堅

綠化環保工程股份有限公司集團　副總經理
陳采婕

雅得麗生活診所　顧問
蔡宗憲

博思智庫股份有限公司　社長
蕭艷秋

「如果真值得歌頌，也是因為有你，才會變得鬧哄哄……」不管多少人在生命中來了又走，這一生有你們的溫暖相伴，讓我充滿感恩。風雨過後，轉回晴天，也許還會有美麗的彩虹。重點是，仍然持續在我身邊的你們！

目錄

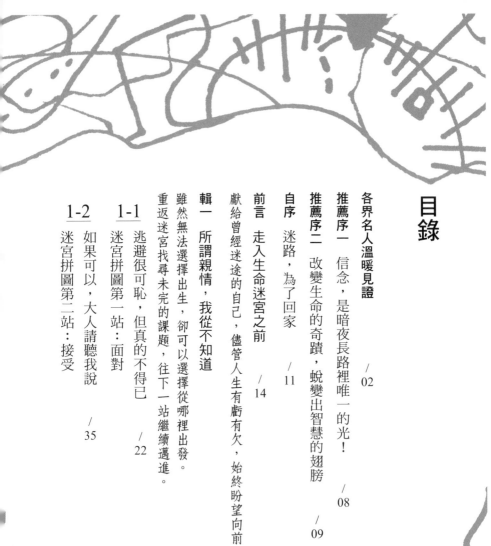

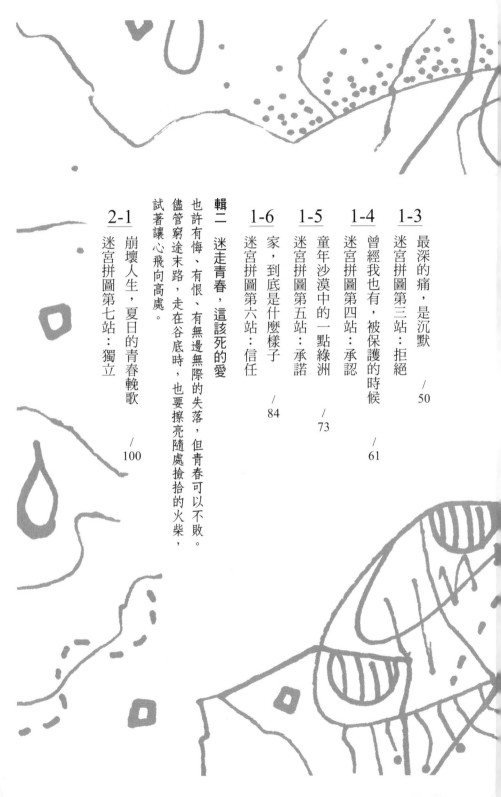

輯二 迷走青春，這該死的愛

也許有悔、有恨、有無邊無際的失落，但青春可以不敗。
儘管窮途末路，走在谷底時，也要擦亮隨處撿拾的火柴，
試著讓心飛向高處。

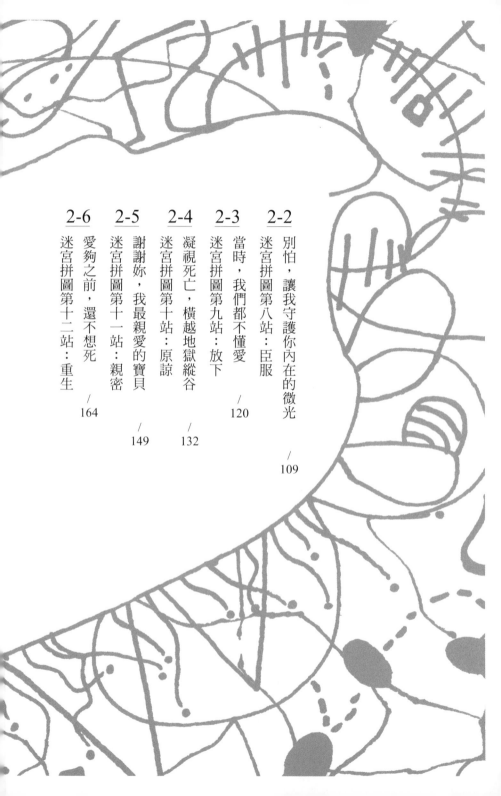

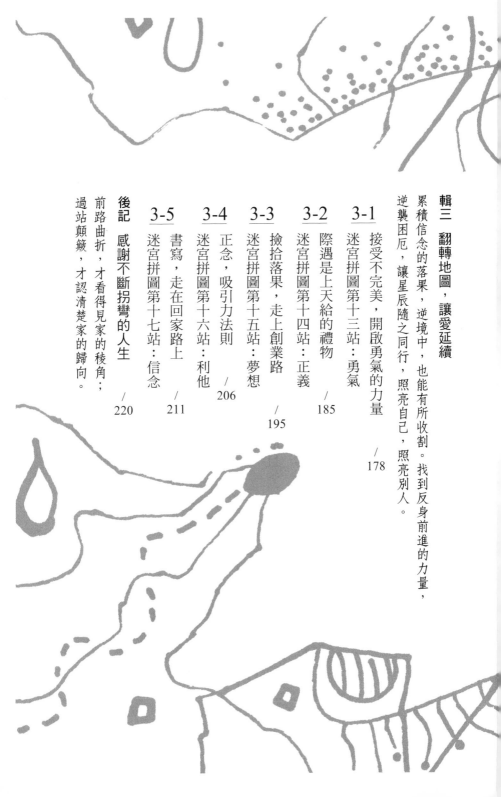

輯三　翻轉地圖，讓愛延續

累積信念的落果，逆境中，也能有所收割。找到反身前進的力量，逆襲困厄，讓星辰隨之同行，照亮自己，照亮別人。

前路曲折，才看得見家的稜角；過站顛簸，才認清楚家的歸向。

【推薦序一】

信念，是暗夜長路裡唯一的光！

蔡宗勳（優活健康傳媒股份有限公司董事長）

我的堂妹，稀尹，有著不順遂的人生，一次次水裡來火裡去的翻滾和考驗，甚至瀕臨死亡，儘管傷痕累累，卻也讓她一步步受到靈性的引領，走出痛苦，蛻變為正能量的代言者。

小時候，輾轉流離的她曾和我們同住一個屋簷下，一陣子她又被迫走上偏離軌道的路程，數十年之後，聽她結婚、離婚、生病……，我們再度在異鄉重逢。我曾勸她原諒生母、親戚，也要她原諒前夫，更在罹癌當下，要她做自己，找到內心的快樂，因為唯有坦然面對困厄，才有可能放下、痊癒，進而翻轉生命。如今的她，勇敢寫下這些遭遇，不是為了求取名利和同情，而是想藉由文字的傳播分享，鼓舞更多人，不要放棄希望。

「擁抱每個時期的你，和自己對話，唯有與過去和解，傷痛才有癒合的可能。」一如她書中所呈現的人生迷惘，重返傷痛的當下，修完功課，才能順利得往下一階段邁進。

信念，正是暗夜長路裡唯一的光。

相信這道光，將引領我們找到方向，找到回家的路。

【推薦序二】

改變生命的奇蹟，蛻變出智慧的翅膀

艾莉絲（《命運好好玩》星座靈數老師）

生命的轉折點總是安排在出其不意的插曲上，所有的體驗都是最美麗的安排，唯有經驗到「結束」，才體驗得到「重生」的力量與不可思議。

很榮幸可以在稀尹姊姊面臨人生最低潮的時候，陪伴她走了一小段路，我們一起進行了一場一場的心靈療癒，從心靈花卡去透視情緒的抽屜，從靈數天盤去看見命定的故事，而拼湊出生命的藍圖，從靈魂療癒去解脫負面思維的陷阱。

我看著一朵美麗而受傷的靈魂在我面前，很勇敢地活著、很用心地拯救著自己，她不斷跟生命在拔河，也經歷無數次潛藏靈魂深處的愛恨情仇在拉扯。她用力過、也放棄過，她存有希望過、也絕望過，惟有這樣濃烈的生命衝擊，才能寫得出撼動人心的故事——「只有真正經歷過傷痛的人，才蛻變得出智慧的翅膀」。我很感動看見稀尹姊姊已經展開華麗的翅膀，不再是投以怨懟的眼神對著天空默默哭泣，而是充滿自信魅力地展翅高飛，不斷地往她崇高的理想目標前進。

我很幸運能夠參與這一幕「改變生命的奇蹟」，也很慶幸能運用自己所長陪伴她去還原故事的真相，療癒傷痛是很殘忍的過程，在找不到生命出口時，正是要你擁抱傷痛，用無盡的淚水當敷料，在自我鞭打的熊熊烈火中，浴火重生。生命本身沒有對錯，是上天賦予我們的珍貴禮物，而「看見的本身即是療癒」，姊姊她懂了，終於歷劫而重生，成了最美的浴火鳳凰！

她勇敢地揭露生命中的場場體驗，正是值得我們翻閱她似剝洋蔥般層層的「轉念、面對、放下」的自我療癒過程，從故事中體驗她如何尋找到最原始的生命面貌，善良、純真又聰明慧詰。

既然您也已經被本書所「吸引」而來，就讓我們一起閱讀「稀尹」的故事吧……

【自序】

迷路，為了回家

忘了是誰說過，人生就是不斷的傷害與被傷害。

面對痛楚，可以逃避，也可以接受，不管選了哪一條路，都將走上自我療傷之旅。

有的只需要幾天、幾個月，有的也許好幾年，也有的可能是一輩子……

▲生命裡的悲傷，需要出口

「生命必然有它存在的理由，既然活著，妳要告訴人家什麼？」

透過一遍又一遍各種形式的訴說與夢境，重新審視過往片段，發覺到寫作過程彷彿是一種出口，讓生命裡悲傷得以癒合。因此，我必須把自己的故事寫下來、說出來，才有轉好的可能。

第一本書《我的14封遺書與13場神遇》出版時，其實沒有多做任何的宣傳和分享，仍收到一些讀友的迴響，曾經有朋友說：「我在排行榜看到妳的書耶！」或許是受到書名的吸引吧！對於心情沈重、遭逢挫折的人，多希望藉由文字帶他們找回力量。

「人生就是在學習如何拆禮物！」生命中的導師Tino和Kevin這麼對我說，書寫無疑也是。

由於出自親身感觸，寫作時猶如剝洋蔥一般把心思層層揭露，這股勇氣和靈感，我想應該是拆禮物的魔力。那麼，接著出版第二本書《迷路回家：生命為我拐了許多彎》，又是為了什麼呢？

如果說，第一本書帶我走向癒合之路，第二本書無疑是個禮物，創造奇蹟的開始。

▲需要的時候，我在這裡

上天既然讓我活著，必然有該做的使命。當悲傷來到極致的時候，一丁點的理解，都是莫大的慰藉。

我並不介意沒有人知道蔡稀尹是誰，重點是藉由文字軌跡，讓不堪的過往經歷被看見，使人受到一絲心靈上鼓舞，那麼，我的傷痛就算不了什麼。

寫作中不斷思考：「這一本書可以為別人帶來什麼？」即使只有某些片段、文句被記憶，若能夠讓人感受到：幽冥的坎坷路上，你不是無助獨行，終究會有人，陪著你一起走出深谷，這份源自心中正向能量的祝福，就有機會被傳遞出去。

即使只有一人，這本書就有它存在的價值。

如果說「寫書」是一件我該做的事情，該怎麼寫？又該如何把人生片段串接起來，充實第二本書的完整性呢？姑且不論兩本書存在什麼樣的差異，起心動念依然不變，我相信順利與讀者分享的這些故事，會慢慢發酵，在類似的處遇或狀況下，包括現今常見的家人遺棄、受到侵犯、朋友背叛、酒店工作、罹患癌末、金錢迷失、誤觸法網、離婚、單親等衝擊，或許我的故事可以形成一股支持和理解的力量。

我的生命，就是無數荒誕不經的軌跡，這些歷程的堆疊與崩解，才能翻轉成今日的我。願以一己之力，期待有幸成為讀者們向上的助力。

迷路，正是為了回家。而我願意作為路標，替人指引照亮返家之路。

謝謝願意透過本書認識我的你，希望快樂幸福與你同在。

【前言】

走入生命迷宮之前

當生命突然近在眼前，我們想要看清什麼？

「蔡小姐，我數三、二、一，慢慢閉上眼睛入睡——」麻醉師說著輕柔的聲音，同時緩緩注入麻醉藥，我在迷濛之間昏睡過去，卻在下一刻看見另一個真實沉睡的軀體。

我的靈魂注視著手術檯上的自己，醫生和護士緊密圍繞、傳遞刀剪紗布，試圖以科學的方式，清除體內的壞東西——腫瘤細胞。

二〇一〇年，醫生宣判我得了淋巴癌末期。

父親、母親、伯父、堂哥、堂妹在一旁陪著，看著他們，不知怎麼覺得異常疲憊。

原本只是無來由的腰痛、脖子莫名其妙腫起，看了醫生才知道，是癌症。「雖然我們說癌細胞有轉移，就是第四期，但是妳的狀況只有轉移一點點、一點點而已。」醫生不斷解釋，說得很委婉，試圖讓眼前的病人安心。但是，無論言語上如何輕描淡寫、避重就輕，仍然無法掩蓋，再過不久，我的人生可能就走到了盡頭。

人生若是這樣過了，似乎也未嘗不可。

「如果我死了，叔叔、伯父，還有親戚們，全部都不可以來參加我的喪禮，如果你讓他們來的話，我永遠都不會原諒你！」此刻的我，內心充滿無限恨意，覺得這場病都是因他們而起，我對著父親講著：「把我的骨灰全部撒在海裡就好了，下輩子千萬讓我不要再遇到你……」

被推入開刀房的路程，過往的一切，突然間像電影畫面般，在腦海一格一格快速放映，儘管片段卻清晰無比。幼時家庭不睦——母親出走、父親冷漠、哥哥不斷闖禍，一再被遺棄的自己；——寄人籬下的心情，親情是什麼，我不懂；受到侵犯的夢魘，失溫的身體；——墜落的起點，為了賺錢，踏入燈火霓虹的酒店，嚐盡人生百態；——失敗的婚姻、逃避、尋死、無從解脫的宿命；——為母則強，爭取女兒扶養權南北奔波；——卻在病痛纏身時，出賣靈魂，恍惚中當起詐騙集團的車手，利字當頭，看不見架住脖子的那把刀——只是夜路走多了終究要償還，有幸受到堂哥的引導，因而明白，錢財買不到的東西很多……

「三、二、一，蔡小姐，慢慢睜開眼睛——」然而，開始倒數生命時鐘的我，還能做些什麼？是否走得出眼前這團人生迷霧？

「好好的看看自己吧，唯有與過去和解，傷痛才有癒合的可能。」耳邊有人這麼說。還有痊癒向前的可能嗎？

「有的，誰不曾迷路？有時迷路反是好事，稍微停下腳步，調整方向，隨時可以再次出發。」該如何開始呢？

「好好擁抱過去的妳，和自己對話，面對傷痛很苦，但是很有用。」要剝開已經結痂的傷口？

「不要怕，接下來，妳將循著某種引導，像是內在聲音或是如真似幻的夢境，帶領妳再次走訪過去的經歷，重返當下，從每一站迷宮拼圖中找到未完成的課題，唯有妥善理解和回應，才能拿到那份通行的禮物，往下一站繼續邁進。」

這是什麼意思？

耳邊的聲音似乎來不及說完，突然一陣深沉的靜默——

「怦怦、怦怦、怦怦——」隨後傳來自己清楚的心跳聲。

醫生們開始縫補我的殘破身體，生理上的壞東西清除了，然而心理的呢？是時候停下來，回溯生命，走進療傷止痛的源頭。

「嘿，稀尹，醒來吧！」護士拍拍我的臉頰，彷彿對著我說：「開始好好地審視過往，難過就哭、開心大笑，擁抱後全然的放下，和過去的自己合而為一，走向未來吧。」

現在開始了，我的迷路之旅。

作者幼時照片

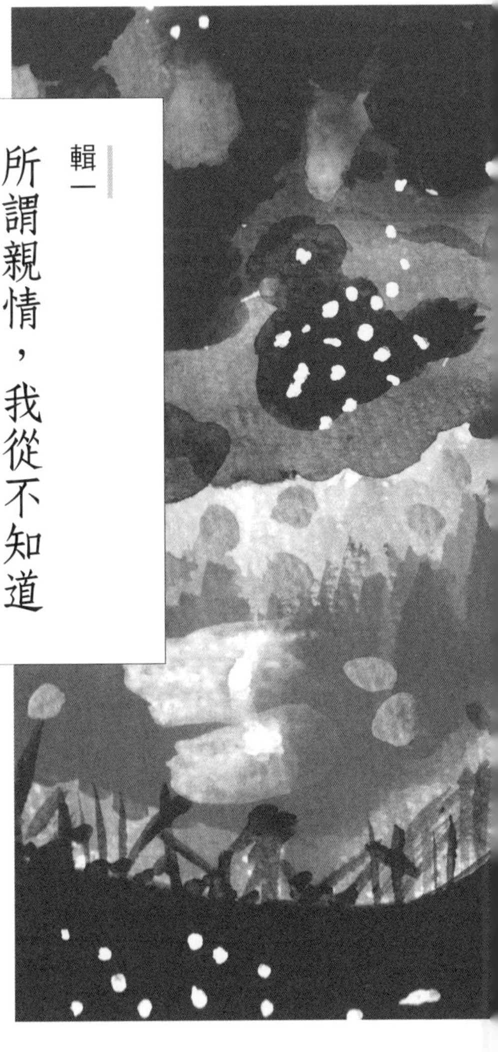

輯一

所謂親情，我從不知道

寬恕是愛嗎？寬恕暗示什麼？
如果我在內心積聚起仇恨，之後放下那份仇恨，這叫作原諒，不是愛。

——**克里希那穆提**（Jiddu Krishnamurti）
印度哲學家、二十世紀最偉大的靈性導師

迷路回家

生命為我拐了許多彎

從幼時開始，妳就反覆做著夢。

夢裡妳一個人，心裡裝載孤單。漫無目的的走著，除了幾棵高大的樹之外，只剩下黑暗。妳不知道從何而來，又該往哪裡去？

好痛，妳跪著縮成一團，不想記起任何一種傷痛。

然而回憶一頁頁翻過，痛楚卻清晰無比。

人生至此，妳做錯什麼？從來不明白，只知道爸爸媽媽哥哥，這些留著同樣血液的人們，一個一個離去，頭也不回。

到頭來，只有孤單。

「世間的情感真真假假，肉眼是分不清的，得用心。站起來，勇敢的往前走，前方有真心的人等著。」有個聲音這麼說。

妳不知道聲音從哪裡來的，只覺得既使這句話聽起來像句謊言，卻也令人心安。

妳依言往前走，後頭漸漸跟著一些人。不管是誰，有人陪著總是好的。

妳好奇的停在一座廟宇前方，好安靜啊，只剩呼吸的聲音。

「妳來做什麼？人還沒到齊，等人到齊了再來！」嚇，眼前映出巨大的身影！

當妳回頭，身後什麼都沒有。

現在，又只剩下妳一個人了，是嗎？

1-1

逃避很可恥，但 真的不得已

迷宮拼圖第一站：**面對**

親情本來是一道有形的牆，自靈魂降生到脫離母體子宮，剪斷臍帶，打破第一道牆面，嬰孩成了一個獨立的人，也建立起無形的家庭關係，於是有了父親、母親、兄弟姊妹。

親情從來無從選擇，而且不代表情感的自動延伸，它需要不斷地嘗試和學習。但是，很多人忘了怎麼開始？為何繼續？如何面對？

當我開始築起牆面，選擇逃避一切血緣上的意義，其中有著千千萬萬的迫不得已……

失落的親情，只有沉默

活著到底是怎麼樣的一件事呢？我看著父親，思考這類無以名狀的問題，試圖從破碎的親情中，看清生命的本質。

「稀尹，妳爸進醫院，跟媽媽回去！」混亂的一天，從媽媽出現在教室門外開始。母親只簡單說了這句話，然後站在門口等我出來，我急忙把所有東西掃進書包，奔到媽媽身邊，媽媽瞧我一眼也不瞧，就邁開大步，我還得小跑步才跟得上。

親情是什麼？在前往醫院的車上，我看著有點熟悉又陌生的母親，還真不知道。母親穿著一件長袖T恤、黑長褲、黑外套，映著暗沈的臉色；她嘴唇緊抿著，雙手環抱胸前，死死瞪著前方，眼神透出來的絕望，像是無底洞一般，把我也跟著拉下去。

我背著書包，肩膀挺直、手放在膝蓋上，心裡滿是問號，一句話也不敢說，和母親之間只有沈默。

也許沈默是最好的存在吧，在母親消失這麼久以後。

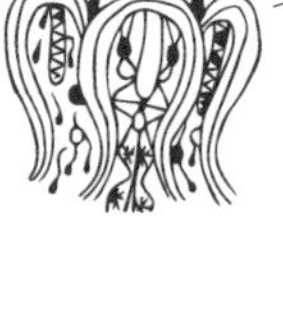

仰望星空，再多的失意都能夠迎風而散，
相信生命總會找到自己的出路。

若是連這些都沒有，那還真是什麼都不剩。

懂事以來，父母只是個名詞，只有在爭吵的時候，恐懼令人正視他們的存在。

「要走就走啊！永遠都不要回來！回來我打死你！」

「我再也不會回來！」

躲在牆角的我，直勾勾地看著父母親冷戰、對峙，像兩隻被困住的野獸，把挫敗鬱悶化成激烈的言語，將怒恨摔在地上。這些在眼前血淋淋上演的戲碼，不是八點檔，而是生活中的劇情。在我幼小心中所不解的是，到底是怎麼樣的深仇大恨，讓原本因相愛而結合的兩人，反目成仇？

若是如此，這世界還有愛嗎，或者，這就是愛？

不斷遷徙，成爲愛的遊牧民族

「說！爸媽離婚，你們要跟誰住！」這不是問句，而是極度尖銳的攻擊。

爭吵的最後，問題永遠回到我與哥哥身上，好像孩子才是始作俑者、混亂的根源。

弱小的膝蓋在崩裂的親情之前，逼得我只能俯首，祈求著破碎的愛，能夠在一覺醒來之後，什麼事都沒有。

龐大的壓力形成最深的恐懼，每晚在夢裡化成厲鬼或惡魔驚嚇著我，孤立無援的我，無能為力。

有人說，愛的反面是恨。

但是年紀小的我已經知道，愛的對立面是——忽略。

比起母親，父親卑微消極的形象、情感的忽視，似乎更加沈重。記憶中的他，幾乎不說話。婚姻失敗之後，他最常一個人坐在餐桌前默默喝酒，暈黃的燈光下，人影顯得更加單薄萎靡；有時一出門就消失，直到隔天早上，才看見他在房裡睡著。父親永遠都說很忙很忙，即使不知道做了什麼事情。

一開始的他是不是就這樣，我不知道，只是懂事以來，一天之中和父親說話的機會，指頭數得出來。

用現在的眼光來看，父親是善良的，只是小時候的我，不懂。不懂屬於他的逃避，把喝酒、忙碌當成保護傘，卻只是保護了他自己，把周遭的人推入更深的旋渦之中。

為了逃避母親，他將孩子當成籌碼，拒絕她的探視權，也讓我徹底失去母愛；為了逃避現實中失敗的婚姻，他怪罪一切，用消極代替溝通，把孩子送往親戚家，眼不見為淨，似乎才有辦法稍解挫敗。因為如此，我從大伯、姑姑、外公外婆家裡全住上一輪，搬家、轉學成了家常便飯。

不斷遷徙的我，和誰都無法建立美好的關係，成了愛的遊牧民族，永遠被拋在界外。

被遺棄的孩子，從此迷路

小時候不懂，善良的人心也是偏的，永遠只能關注一個孩子，即使明知另一個也需要愛，但他卻給不了。

哥哥虛長我幾歲，從小體弱多病、又有氣喘，稍微打個噴嚏，立刻就能引起眾人的關注。

當流下的眼淚都能化為一顆顆珍珠，
鑲在走過的每條崎嶇彎道，尋路之旅
就能變得不那麼孤單。

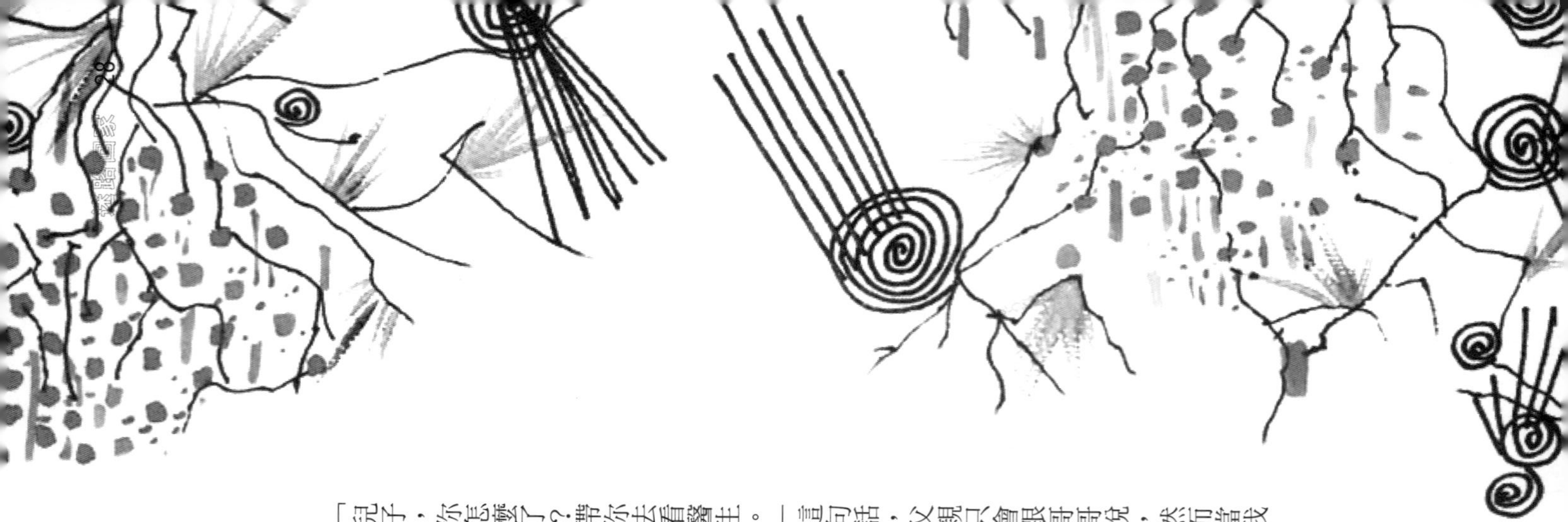

「兒子，你怎麼了？帶你去看醫生。」這句話，父親只會跟哥哥說，然而當我生病時，永遠是一個人。

「妹妹，妳怎麼一個人自來看醫生？爸爸媽媽呢？」

護士阿姨，我該怎麼告訴妳，爸爸是哥哥的，而我沒有媽媽。

誰在乎寄人籬下？沒有。

誰在乎分離的孤獨？沒有。

既然如此，面對這一切，小小年紀的我只能流淚、流淚、再流淚，最後學會漠然。

因為不付出，就不會受傷。
孤單，只能自己消解。
沒有父母，似乎也能長大。
那麼，遺棄就不算什麼呵！

很後來才明白，父親是疼我的，只是他不懂表達，不能控制地將他與母親的爭執憤怒，轉移到孩子身上，然後相較之下又疼愛哥哥多一些，甚至到了溺愛的地步。即使哥哥升上中學，交到壞朋友，走上岔路，學會同樣消極且不負責任的態度，竟和父親如出一轍！

「為什麼無止盡的寵溺、放任，卻又要在他惹事後，幫忙擦屁股？而我呢？你有想過我嗎？」長大後的我，曾哭著質問他。

「因為哥哥沒有辦法像妳這樣不會闖禍啊！」這樣的回應，令我啞口無言。

父親教養的無奈、婚姻失敗的無力，他不願說，我也不想理解，因為大人的自私，造成一個家庭的悲劇，以及多少個從此迷路的孩子……

從傷痛中找尋出路，
沒有人可以限制你追求幸福。

下意識地，我並不想觸碰那些曾受疼愛的記憶，只想將一切掩埋，然後遺忘。唯有如此，生活才輕鬆得多。

情感與死亡的最後拉扯

「好像是喝農藥啊，想要丟下小孩走了……」親戚們在走廊上圍起小圈圈，小聲談論著，害怕一旦提高音量，真相就會崩解。

在父母鬧得不可開交的時候，媽媽索性離家不回，婚姻繫於一線之間，隨時都可能斷裂，於是爸爸一時想不開輕生了。

那時的我才國小四年級，面對輕生的爸爸，表現得異常冷靜淡定，也沒有哭，只是靜靜地盯著他呆看良久，像在憑弔不曾存在的關心。當時心想，怎麼樣都無所謂了，看著躺在病床上的他，竟然沒有一絲不捨的感覺。

當時，唯一的情緒就是恨，我恨媽媽，認定爸爸會自殺、我會被欺負，都是她的錯！

「妳走，妳走，我們不想看見妳——」離家的媽媽掩著嘴走進來想要探望，我狠下心把他趕出病房。

醫院的藥水味刺鼻，燈光死白，醫生護士來來回回奔走，死亡與生存在拉扯。父親躺在床上，閉著眼睛，靜靜地、呼吸緩慢而有規律。這是他一向習慣的安靜時刻。

我坐在病房內，看著窗外一句話都沒說，陽光好像撒不進來，時間彷彿就此靜止，房間很暗，心裡也是。

原來，親情之中有一方走向死亡，是可以用安靜相待的。

那些無謂的爭吵、辯解，通通因為死亡而宣告暫停。

最後，母親真的走遠了，完全走出我的青少年時期，只留下慘白獨行的背影。

那些原本不受理解的情感牽連，因為沒有眼淚，變得更加殘酷。

在絕望的跟前，別忘了有讓自己快樂的責任，為了這一點，那些恨意，顯得無足輕重。

永遠缺席的愛，我眞的稀罕

若說父親的沈默令人無力，母親的消失就是沮喪。

父母離異後，母親就消失在我的生活裡。

一般的時候，我是無感的，但是一到學校日、校慶、運動會等適合展現母愛的場合，我只有我自己。

「稀尹沒有媽媽。」同學們這麼說，一字一句滋養我心底的怨恨與冷漠。

我是恨她的。為什麼爸爸說不讓她見我，她就可以真的不見孩子呢？為什麼連一張紙條、一通電話、一個微笑都沒有呢？

我被遺棄了，可以這麼說吧。是誰說天下無不是的父母，我的母親不適用。

我想——，我是恨她的。

恨她不要我和哥哥，在最需要的時候，一丁點的愛也沒有留下來。

也許她恨爸爸、恨哥哥、恨我、恨這一切讓她青春葬送的關係……，這份永遠

缺席的愛，唯有這麼想，我才能夠理直氣壯地說：「我不稀罕。」

即使我不承認，刻意壓抑內心的激動，不再去喊她、思念她，我卻能感受到這份關係如此微弱的存在，令我湧起強烈的悲哀。

原來，那些缺席的愛，我真的無比稀罕……

迷路小語

很多父母永遠會犯的毛病——對著小孩批評另一半的不是，當我回過頭來看這一切，他們的爭論關我什麼事呢？

父母是一個家庭的核心，牽一髮動全身，對我而言，幼時父母不睦，兩人的紛亂牽連至下一代，也對我造成極大的影響，因此童年之中，鮮少感受家庭溫暖。

失衡家庭的局面，大多數人可能只見父母雙方的敵對，不見孩子的傷害，孩子，才是最弱勢最無助的那一群。

給身為父母的你，請謹記下一代的擔怕、無辜。

親情不可逃避，唯有面對。

別讓孩子覺得被遺棄，因為我們永遠不知道，被丟下的痛，要多久才會過去。

1-2

如果可以，大人們請聽我說

迷宮拼圖第二站：**接受**

無苦集滅道。無智亦無得。——《心經》

世間有情皆是苦：生、老、病、死、愛別離、怨憎會、求不得、五蘊熾盛……，甚至為了一份純稚情誼所遭受的誤解，一種啞巴說不清的苦澀，似乎註定了自己生命的常軌。

《心經》解說「四項真理」：苦、集、滅、道，假使依循前路指引，走過煩惱、放下執著，是否就可以離苦得樂？

所以，我要接受人生是苦，繼續為難自己嗎？

大人的「善意拋棄」

「為什麼不能跟爸爸媽媽住在一起，而要寄住在大姑姑的家裡呢？」

「為什麼久久才能見到爸爸跟媽媽一次？」

「又為什麼每次來看我們，然後偷偷地跑掉？」

我有好多好多的問號，是我不乖嗎？還是他們根本不愛我，才讓我常常找不到他們？

父親因為工作的關係，不是整天不見人影，只剩我跟哥哥兩人在家玩耍，就是把自己關進房間，誰都無法窺探；那一陣子我很少見到母親，既使見著了，也是與父親上演無止盡的爭吵、冷戰。不安穩的日子過了多久，我不知道，只知道不久後再度搬家，我和哥哥被帶往大姑姑的家裡，我也轉學到巷子口的幼稚園。

再一次，我覺得被丟掉。

我心裡知道，姑姑、姑丈是疼我的，搬進去之後，下班回來的姑丈會帶著點心哄我，平時也會抱著我到市場繞繞轉轉，買我最喜歡的棒棒糖。

他的手臂溫暖，跟爸爸很不一樣，我的小手環繞著他的脖子，就像無尾熊抱著尤加利樹一樣，既安全且又滿足，於是我用哭來討愛，也用哭來發洩委屈。

「mo mo太朗桑，mo mo太朗桑……」假日開車出遊，他總是一把抱起我上車，放在專屬的寶貝座位上，哼著「桃太郎」哄我開心。

只是，我才六歲啊，真的是個孩子，需要父母親在身邊的孩子。

「住在姑丈家對你們比較好！」這只是個假設，即使是善意的決定，卻從來沒有說明原因。

姑丈不是爸爸，再多的關愛，還是抵不過那股被拋棄的失落。

「稀尹，不能哭，要乖乖聽話，不然就不來看妳喔！」

「好，我不哭，我聽話，你們要常來……」我趕緊把鼻涕擤回去。只是媽媽不知道，她對我說的話，成了夜裡最深沉的噩夢。

每晚睡前，總是要緊抓著哥哥，才能安心的睡著，起床後發現哥哥不在身邊，就不敢踏出房間的門，因為我怕離開後，哥哥會找不到我。

失落在記憶長河中的親情，讓淚水化為種子，為往後的人生種下一個希望。

我好怕好怕見不到他們，只好睜大眼睛，不讓眼淚流下來，若是忍不住的時後，假裝上廁所趕緊擦掉那道長長的淚痕。

只是，究竟是什麼，把一條回家的路，越拉越長？

迷路森林，短暫的回家團聚

「漢賽爾和格麗特兄妹倆人，由於家裡貧窮，狠心繼母向父親提議將孩子帶往森林遺棄，孩子聽到後，沿路丟小石頭作記號，於是找到回家的路。但第二次他們再度被帶往森林，不幸的是這次所丟下的麵包屑，回頭尋路時，已經被小鳥吃掉了。迷路的兩人，走不出這座迷霧森林……」

《糖果屋》是小時候讀到的故事，那種一次次「被丟掉」的恐怖經歷，當時已深深烙印在心頭，揮之不去，沒想到如今卻發生在我們兄妹身上，我找不到路可以回家。

「稀尹乖，姑丈開車帶妳出去玩，晚點再回來看爸爸媽媽。」

說來有點好笑，親生的父母，一段時間才會「回家團聚」，有時他們一起來，帶盒點心；有時才剛坐下，椅子還沒熱就要走。

無論哪一種會面，等到要分離的時候，我總是歇斯底里。大人們使勁抓住我離開現場，他們都不懂，嘶喊的背後想說的是：你們說的再見，一定會再見嗎？如果是，為何姑丈帶我回來，你們總是不見人影？父母親揮揮手，從來沒有回答過。

而心裡的痛，喊不出口，要是眼淚可以拴住腳步，我流到全身乾枯也沒關係。

長大一點才曉得，那是被欺騙的痛。

我不敢哭，因為姑姑也說：「不能哭！不然媽媽就不來了！」於是痛楚積在心頭除不去。

沒有人可以遺棄你，
只要你從不放棄自己。

大人們都不懂，孩子要的不多，只是一點解釋，一點點都好，可以說：「我不是遺棄，這只是暫時的分離，因為要賺錢，賺了錢才能跟你一起住。」如此簡單的一句話，就能讓我心安，就不用睡覺都得哥哥陪。

然而，到新學校，依舊是一件值得期待的事。為了迎接新開始，姑丈帶著我到文具店，挑我喜歡的粉紅色鉛筆、自動鉛筆盒以及散發香味的水果橡皮擦，還牽著我走遍賣場，只為了挑一個漂亮的書包。姑丈的手又大又暖，長一點繭，粗粗的挺結實，他牽著我的時候，我一度以為是爸爸在牽我，雖然爸爸的手，很不一樣。

第一天上學，被興奮叫醒。我揹起媽媽特地幫我準備的新書包，裡頭裝著新的鉛筆盒，被姑丈牽著進教室。班上的同學都不認識呢，沒有人知道，我是爹娘都不要的孩子，但是在這裡，我可以交新的朋友，有新的開始。

童話故事的結局應該都很美吧，原本，我真的是這樣想。

畢生難忘的禮物

我到新幼稚園的第一天，就收到終生難忘的「禮物」。還沒學會「誤會」兩字怎麼寫，已經先嚐到它的苦澀。

「小偷，妳是小偷！」一個小朋友這麼說，可能出於無心，當三個人當真了，就成了事實。

「我不是！」用盡力氣吶喊，過於微弱辯解，沒有人聽得見，於是老師罰我在人來人往的中庭半蹲。

半蹲的時候老想著，該去哪裡、不去哪裡，似乎由不得我選擇。現在連有偷、沒偷，都不是自己能證明的……

「稀尹，這隻筆送給你！」第一天的開始，小雯就向我示好，她說我們是好朋友。我好開心啊！這是第一次，有同學送東西給我呢，還是最喜歡的粉紅色，上頭有愛心圖案。好期待等一下放學，可以趕快跟姑丈說：我交了好朋友！

可惜快樂總是無法持續太久。

「老師，我的筆不見了！那是我媽媽昨天買給我的。」

「有沒有人看到小如的自動鉛筆？」老師馬上放下了手上的書。

「誰拿我的筆？趕快還給我啦……」小如哭著央求說。

「是誰偷筆？既然沒有人要承認，老師就要搜書包喔！」

沒有人敢出聲，靜默得連呼吸聲都清晰。

老師一聲指令下，大家把鉛筆盒拿出來、書包放在桌上，立刻離開座位，走到後面整齊的排成一字形隊伍。

望了一眼「好朋友」，她兩手握緊圍兜兜，頭低低的盯著地板，一句話也沒說。每個人都沒說話，誰都不承認自己就是拿筆的壞小孩。那時候，我們都好小啊，就知道貼標籤的可怕，全班默默的看著老師一個個翻找書包，靜待宣判。

「稀尹，筆在妳書包找到了，妳怎麼可以偷東西？」

回過神，所有嫌惡的眼睛看向我，老師用言語掐住我的脖子，一個字也說不出來。

而那所謂的「好朋友」，也只是看著地板而已。

生命中總有一個個禮物，等待我們開啓，有的喜歡，有的厭惡；每一次拆禮物的過程，不管喜歡或厭惡，都藉此帶我們找到背後的價值。

「我沒有！」我委屈地看著老師

「在妳鉛筆盒找到了，還說沒有！」老師生氣地打了我一個耳光。

「我沒有偷！」

「還不承認！」

「我沒有，我真的沒有，那是小雯說要送給我的……」我哭得上氣不接下氣。

「這是早上妳送給我的，妳說要跟我做好朋友的……」我瞄了一下小雯。

「我沒有，那是蔡稀尹亂說話！」小雯回瞪我，對著老師說。

「自己做錯事情還要賴給別人！」老師見狀又接著罵。

「我沒有，我真的沒有，真的是她送給我的……」

我的否認激怒了老師，最後換來藤條的抽打，咻—咻—咻——，只能用哭泣來表達自己的委屈。

「妳敢把椅子放下來，小心藤條伺候！」同學一個一個被接回家了，我扛著小椅子半蹲在人來人往的中庭。

經過我身邊的時候的人，他們不是望向別處就是望向遠方，目光把我穿透，彷彿我不存在。然而我確實在這裡啊，手腳的痠痛漸漸麻木，晚一點姑丈來，他會不會相信我？

遠遠望見姑丈匆匆趕來了，穿著呢絨舊襯衫和西裝褲、一雙萬年舊皮鞋，十足的老實人，這輩子他沒做過偷雞摸狗的事，等一下聽到老師說我偷別人的筆，會不會相信我？

「先生，稀尹今天在學校偷了同學的筆，希望您回去好好瞭解一下。」

「老師，真是太不好意思了，我回去會好好跟她說的！」

姑丈，你是知道我的，我沒有做這樣的事！

牽著我的手步出校門，他卻半句話都沒說，只顧著一直走。

越是逃避，越是處於劣勢，只會放大恐懼的身影，助長敵人的聲勢；選擇正面迎擊，揭開虛無的假面具。

「我不要你，也不要去你家，也不要來這裡上學，我要跟我爸爸媽媽在一起，你走開我不要你……」我甩開他的手，大聲喊著。

「阿丈相信妳！」他沒有生氣，只是默默地蹲下來，溫柔地幫我擦去流不止的眼淚。

一聽他這麼講，我更加放肆大哭，彷彿一股腦的疑問與委屈有了出口：「我真的沒有偷，為什麼老師不相信我？真的是小雯拿來送我的，是不是我沒有爸爸媽媽，所以才要說我是小偷？為什麼沒有處罰小雯？我真的沒有，我不是小偷……」聲音漸漸被模糊。

沒有藥醫的傷痛

「我知道妳是善良的孩子，明天我好好跟老師說。」

「被打、半蹲，要拿椅子舉高，又要被說是小偷，你沒有來救我，爸爸、媽媽和哥哥也沒來救我，你們都沒人來救我，我不能回家，我要我的爸爸跟媽媽啦！」

「阿丈惜，阿丈惜——」不管我如何捶打著想要掙脫，他只輕輕說著，便一把抱起我，往回家的路上走去。

隔天姑丈帶了點心，跟老師說我不是會偷東西的孩子。不過，無論老師有沒有接受，標籤已經牢牢的，貼在每個人心上。

手心的傷，姑丈可以幫我上藥；然而，被誤解的傷口，沒有藥醫。

我再也不愛跟同學玩了。

即使偶爾忘卻誤解的痛苦走在一塊兒，原本說要跟我當好朋友的，也似乎不記得了，放學時間一到，能離多遠就離多遠。就連班級遠足出門玩水，別的同學引頸期盼，我只覺得煩躁，下水看似潑灑玩耍，別人不知道，潑出去的水都夾著報復，為了報復老師，只好摀起自己的耳朵，不想聽任何人的回應。

我開始討厭全部的人，學習把心關起來，才能不再受到傷害。

離開，需要勇氣；
尋路返回，更需要勇氣。

「你們沒有爸爸媽媽，不是我們這一國的，不准越線！」姑丈家隔壁的小朋友，拿起粉筆往地上畫出一條線，警告我不可以超過。

一旁的哥哥見狀，立刻彎下腰撿了一顆小石頭，往他們丟了過去。一條線，把我和其他的小孩遠遠隔開，彷彿我們是不同世界的人。明明昨天還玩在一起，為什麼今天就規定不能超過「界線」呢？

「我叫我爸爸來打你喔！」哥哥對他大聲吼著，然後轉頭安慰我：「沒關係，過幾天爸爸跟媽媽就來了。」

我不只是無家可歸的小孩，還是人人厭惡的對象。

我很用力地撐大眼睛，告訴自己不許哭、不許哭，眼淚，還是不爭氣地流下來了。

迷路小語

孩子思想的建立，往往來自大人當下的回應。每當想起幼稚園這件往事，總覺得：「要是當初老師好好聽我說就好了，一句理解的話，事件可能就此整個翻轉。」這種無從解釋、硬被栽贓的創痛梗在心頭，好多年都化不掉。

因此我明白，不被理解有多悲傷，未獲傾聽有多難受，當我面對孩子時，總是讓她好好說。我們好好說，沒有芥蒂，不讓遺憾留下。

「接受自己的錯誤！」大人常比孩子更不願承認自己的過錯，更不輕易向小朋友道歉，也容易誤認小孩犯了錯，而不加以釐清事實，進而產生衝突。很多的傷害像種子一般種在孩子心田，扭曲發芽，無形中長成無法跨越的距離感，這究竟是誰築起的高牆？

原來，自由對流的心靈之窗，才是達成正向溝通的起點。

1-3

最深的痛，是沈默

迷宮拼圖第三站：**拒絕**

心智愈用力去除痛苦，你所感受到的痛苦就會愈大。——艾克哈特．托勒（Eckhart Tolle）當代心靈導師

「你是誰？」「往哪裡來？」「要去向哪裡？」這三個核心，似乎是人一生需要釐清的課題，我們則在追尋答案的過程中，慢慢辨認出自己存在的價值。

身體永遠給予最直接的反饋，如果不願意，應該可以勇敢拒絕，不是嗎？可是，為什麼一再受到阻撓？當我越想逃離，期盼離苦得樂，凶惡的那雙手卻依然緊追不捨……

闖入生命的不速之客

有人說：時間是一切的解藥。

別傻了怎麼可能。時間不會永遠是解藥，有些傷痛出現之後，只能掩蓋，最好永遠都不要提起，而未必可以痊癒。

例如說，侵犯。

七歲，應該是開心進小學，享受關愛的年紀，我卻只有對家滿滿的恐懼……

即將上學的前一天，我們全家人搬到新房子，終於可以一起生活了！我與哥哥開心的各自整理屬於自己的小房間，正如母親說過，只要乖乖的，就能全家團圓，我抱著大姑丈送的第一隻芭比娃娃，興奮的在屬於自己的新床上翻滾，整個臉埋在枕頭中，用力吸著新床套，那是重獲新生的味道，也是童年裡少有的平靜日子。

終於，我有新房間、新學校、新同學，母親說得對，他們會重新愛我，只要我乖乖的。

「當心，不要讓可怕的事再次發生！」內心的懼怕就像提醒不要感冒生病，懂得隨時裝備自己，提升能力，勝過無謂的擔憂。

明天，我是有爸爸媽媽保護的一年級新生，想著想著就不禁笑了出來。

晚飯時，來了個不速之客，一個讓我生命產生劇變的不速之客。

那個叔叔，只知道是父親的朋友，說是找工作期間暫時借住，其餘，大人們不讓我知道。我不知道叔叔是從哪裡來的，只知道從今天開始，我必須和他分享我的新家，廁所擺著他的牙刷毛巾，鞋櫃裡，他的鞋子我們誰也不能動，廚房多了一雙碗筷，看著都覺得擠。

叔叔看起來不像壞人，但瘦瘦小小的，油頭油得發亮，一開口就露出黃大板牙，讓我覺得噁心。「稀尹長這麼大了啊，好漂亮！」每每他想稱讚我、逗我笑，但是看著滿口黃牙，我就是本能地討厭。

「兄弟，以後互相照顧了。」父親這樣說，我難得看見父親笑。

我不喜歡他，他讓父親露出的表情，卻是我少見的喜悅。

常聽叔叔說要找工作，卻整天待在家中。

「讓叔叔跟我們一起住是不得已的，因為爸爸媽媽要工作，叔叔可以照顧你們。」母親說。

可是我只需要妳啊媽媽，其他人都不重要。

「稀尹乖，叔叔會照顧你們，要對他有禮貌，要聽話。」

再多的不願，仍掩不住開學的雀躍。

因為比起上學更重要的，是媽媽牽我的手進教室！

我很難忘記母親那天的樣子：牛仔褲、合身的短袖白襯衫（是我最喜歡的公主袖），把頭挽的高高，乾淨清爽的味道。而我穿喜新制服，洗得乾乾淨淨，背起書包上學。母親牽著我，這大概是第一次，母親好好牽著我的手，感受她的體溫透過血液傳遞到我的心裡。

這溫度是有愛的，我相信。

明天在哪裡？
明天，永遠在好好的過完今日之後。

「我叫蔡稀尹，今天是媽媽帶我來學校，」進到新班級，我坐在位子上頻頻往後看，確定媽媽還在看我。老師要每一個人上台自我介紹，我大聲說：「我會聽老師的話，這樣媽媽就會每天帶我來學校。」母親哭了，我有記憶以來第一次，可能也是最後一次。

這眼淚應該是有愛的吧，我想。

但是從溫馨的天堂回來之後，家就成為地獄。

無人聽見的求救訊號

中午放學，和叔叔吃過午飯，我正要回房間寫功課的時候，叔叔突然一把抱起我往浴室的方向走去！

「我要下來，你放我下來！」我掙扎哭喊，但是叔叔用力扳開我捉住門把的手威脅：「叔叔要幫你洗澡，再亂叫我就叫你媽媽不要理你！」

叔叔拜託你，求求你不要幫我洗澡，我會乖乖的，你放我下來，我以後會乖會聽你的話，求求你不要帶我進去浴室，我不要，媽媽救我！

我的央求，沒人聽得見。

叔叔更是變本加厲，關起浴室的門後壓我在地上動彈不得，聽不見我任何的喊叫聲音，硬是把我的褲子脫下來，再讓我看著他把自己的褲子脫掉，然後拉著我的手去碰那噁心的生殖器官，接著就在我身上磨蹭許久，我求救呼喊直到叔叔從整理好自己的儀容為止。

恐懼抓住我的全身，我似乎經歷了很可怕的事。
想跟母親說，但是很害怕很害怕，萬一她不要我了怎麼辦？

我只想躲起來。
不幸的是，地獄的四周無處躲藏。

每隔幾天，可怕的事就會重複發生，像是無限輪迴。我不敢說，害怕家人因而再次離去，只能作無謂的反抗。我哭鬧、生氣、不說話，以幼小的意志抵抗加諸身體的可怕獸慾。大人們說我不乖、沒禮貌，父親只會打我，卻從不去了解，我的身體因他們的草率決定，而變得殘破不堪。

無人聽見的求救訊號，讓我越是反抗，越把自己推入深淵。

情感的暴力，往往夾帶著可怕的企求，
勇敢拒絕，別讓自己淪為沉默的共犯。

身體裡有些東西，壞掉了……

「妹妹，妳乖一點，爸爸就不會打你了。」媽媽摸著我剛剛被藤條伺候過的傷口規勸。

「為什麼不保護我？叔叔欺負我，他都趁我放學的時候把我拉到浴室裡，脫下褲子，然後壓在我身上，我小便的時候都很痛，為什麼我不能說？為什麼要打我？嗚嗚……」「媽媽，妳應該要保護我的！」我大吼宣洩著。

「小孩子不許亂說！」

叔叔的惡行、父親不理解的打罵、母親怕事的隱忍，一次又一次摧毀了我對家的信任。

大人都不懂，當孩子用盡氣力說出口的話，絕對不是亂說的。

「聽媽媽的話——」

「我不要跟你們一起住！」我推開母親，這是第一次抗拒她的擁抱，甩開手哭著，然後把自己鎖進房間。

終於還是說出口了，未來突然變得模糊不清。

爸爸會不要我嗎，還是會把叔叔趕走？我一直想。粉紅色床單變得幽暗起來，一股腐敗的氣息迎面襲來，令我一陣胸悶，無法喘氣。

那天的夜變得異常漫長，耳畔裡總有嗡嗡嗡的聲響，閉上眼睛彷彿看得見巨大黑影欺壓上來，令我翻來覆去難以入眠。

我在想，身體裡有些東西，大概是壞掉了！

隔天，母親帶我到醫院檢查，醫生護士小心翼翼，從眼睛裡看得出關心與同情。醫生與媽媽說了什麼我不知道，只是大概知道，我的確被侵犯，導致感染疼痛，沒有破壞掉最重要的部分，已是萬幸。媽媽難得在家陪我一天，回家後，叔叔神祕的消失了。

從那天起，再也沒有出現。

我走出地獄了嗎？我不知道。

只是午夜夢迴，那雙可怕的眼睛似乎仍在遠方盯著我。

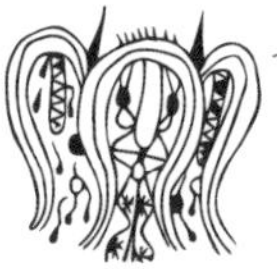

「為什麼會發生在我身上？」追問為什麼之前，應該要找出怎麼做，才不致讓問題發生。

迷路小語

很多人問我，要如何才能放下痛苦，在經歷過這些以後。
七歲的時候，我被父親的朋友侵犯，也被迫和侵犯我的人，生活了三個月。
幾乎不曾對誰提起，那時候不懂，只覺得痛，長大才明白傷口多麼深。
我決定要面對它，擊敗這些黑歷史，建構足夠的勇氣，為了活下去。
現在想起這些以為已經忘記的痛苦，才發現，時間不會彌補傷害，它會讓記憶像跳蚤一樣，在妳不注意的時候咬得滿身，留下密密麻麻的疤痕。
然而，時間不是解藥，卻是最好的放映師，帶你直逼瘡口，唯有面對才能上藥，破壞才得重生。

我要擁抱過去的自己，對她說：這不是妳的錯，沒有一個孩子應該承受這些。然後抱抱她，給她溫暖。

願天下兒女，皆能被傾聽、保護，幸福長大。

1-4

曾經我也有，被保護的時候

迷宮拼圖第四站：**承認**

一旦開始了解自己，不論自己多麼渺小，富有創造力的非凡行動已經開始進行了。——克里希那穆提（Jiddu Krishnamurti）

「你了解自己嗎？」我看著自己鏡中的臉，疑惑地問：「這是我嗎？別人眼中的我是這樣？外貌之外，我自己夠認識自己嗎？」當我難過無助的掉淚，歡欣鼓舞的雀躍、滿腔怒氣的憤恨……，這些都是我。其實，想透之後，這沒有什麼好難為情的，勇敢承認軟弱，承認自己也有需要被保護，和能夠保護別人的時候。

再度搬家，希望被當作女孩保護

稀少的事物特別珍貴，這是人性。

我的童年裡，快樂是稀少的，那是閃亮亮的珍珠，我把它收進玻璃瓶中，害怕丟了就找不回來。

在可怕的叔叔離開之後，老天爺也許是憐憫，給了我一段快樂時光。

小學一年級的下學期，不知何故，父親又決定要搬遷，這次落腳之處是大伯父的家。大伯父住的地方是三層樓的舊建築，我們一家住在二樓，大伯父一家連同三位堂哥則在三樓，那是第一次除了哥哥之外，能夠和同年齡的孩子相處在一起的日子。

同輩孩子們，除了我之外清一色都是男生，雖然在經歷過孤獨、嘲笑與侵犯後，我變得不好親近，但男孩子也許是天性使然，總想保護女孩，讓她不受到傷害。

那也是頭一回，被當成一個真正的女孩兒保護著。

當然也有反過來的時候。與我同年的三堂哥，非常愛哭，轉到新學校時剛好同個班級，一旦他哭鬧不止的時候，老師就會指派身為妹妹的我，安慰安慰小哥哥。說也奇怪，我特別喜歡那樣的奇妙時刻，原來我也能夠帶給別人力量。

也許人與人相處的基礎，就是這個互相給予，無關年齡性別。

我不會丟下妳！

不用上課時，時間都是孩子的。

我們擠在電視螢幕前看著《好小子》，二堂哥、三堂哥則學著主角比劃較勁，你一拳、我一腳，嚷嚷著自己比較厲害，最後一起跌倒。

「稀尹，以後哥哥保護妳啊！」他們總是這樣說，然後換我大笑。

如果考試考得好，大人一開心，就領著一群孩子到租書店去，讓我們挑喜歡的卡通、漫畫，吃飽飯後，大人會泡壺茶，繼續在飯桌前嗑瓜子聊聊天。

這時，電視是孩子的，我們圍坐在電視機前面，隨著劇情大笑、生氣、哭泣，演完了之後才上樓睡覺。

那是我第一次發現，原來吃飯可以這麼熱鬧，吃飽不用馬上回房間，看電視也不用好好坐著，我的堂哥們，想哭就哭、想笑就笑、想大叫就大叫。

大概，這就是自由的溫度。

當然，小孩子難免也會吵架，特別是爭搶玩具的時候。

「你玩很久了，讓我玩一下！」

「大堂哥說我可以玩的！」

接下來，就是沒完沒了的爭論。

「好了，都別吵。再五分鐘之後就換別人玩。」這時候，大堂哥 Tino 一出聲，沒有人敢再說第二句。Tino 大我們幾歲，大多數孩子玩耍的時候，他都在房間讀書、寫功課，或是一個人拿著工具拼拼湊湊，做著我們看不懂的勞作。

但是一到最期待的假日，我們總會跟在他後頭——一個可靠又讓人心安的大哥，騎車去郊遊，「稀尹，不用怕，我不會丟下妳。」聽到自己不會再被「丟掉」，心中無比感動。

「稀尹，妳也想玩這個遊戲嗎？」

哪個孩子不喜歡玩遊戲呢？

打碎心瓶，救出被禁錮的自己，就能慢慢拼回早已支離破碎的心。

「想玩的話，一次五塊錢噢！而且不能叫妳爸媽給你，要自己賺的五塊錢才可以。」

嗯，我想修正一下剛剛的說法，他真是一個可靠又非常會做生意的大哥。

原來，過去那些我們都看不懂的勞作，最後竟變成一個個簡易的遊戲台。

大哥把夜市裡的小遊戲全都搬進家裡，讓我們這些弟弟妹妹隨時都可以玩到。不過，玩樂是有代價的，哥哥從小就教我們，不偷不搶，要靠自己的力量爭取想要的東西，如果想要玩遊戲，那就好好的想辦法賺到五塊錢。

於是，我認真努力唸書考試，考好了，父親會多給點零用金當作獎勵；或是主動幫忙做家事，就能從母親那裡拿到「工資」，再加上平時東省西省，存下一點點零錢，「哥哥，妳有看到我的努力了嗎？」

我發覺，最大的收穫不是那十分鐘娛樂。

腳踏實地獲取的報酬，才是最大的快樂。

快樂，如氣球隨時爆破

這段短暫的幸福時光，如此稀罕，難道在我的生命裡，不安定的變動才是常態？不到一年的時間，我又跟著父母搬離大伯父家。

我不知道發生什麼事，大人從來不說，到底為什麼要持續搬家、轉學，然而我早已學會不必過問。

清楚的是，隨著每一次的遷移，爸媽愈發的不快樂，他們總是冷漠，誰也不看誰一眼，負氣般自顧自地把家當搬上車，身為孩子的我們，對事情發展一無所知，只知道爸媽又在冷戰，坐在車子裡動也不敢動。

我害怕只要動一下下，我的家就會爆炸。

看著車窗，在心頭默念：再見，親愛的大堂哥、二堂哥、三堂哥……

下一個收留我們的，是外婆家。

父親總說，外婆瞧不起他，整家人都瞧不起。

母親卻說不是這樣，外婆太忙，而且要讓別人瞧得起之前，得先瞧得起自己。

我不知道誰說對了，只知道我們搬進去之後，每一個瞧我們的眼神，都像在說：嘿，那不是我們家的人。

除了我的小舅舅，他很疼愛孩子，誰的孩子都疼，當兵放假回來，總會帶些小玩意兒，載著我們出門繞繞，順道打打牙祭，等他收假回去，一切又恢復一片死寂。

不過，母親說對了，外婆確實很忙。

每天清晨，常常被廚房鍋鏟來回敲擊、菜刀碰撞沾板的聲音給吵醒，外婆與母親，正忙碌準備一日的便當，為我們留下飯菜後，趕赴上班。

他們手腳來去，彷彿是一首交響曲。

幸福，如氣球隨時可能爆破，在床上靜靜聆聽的我，不敢亂動。

做一個對自己負責的人，
就能成為讓別人放心的人！

傷心綠豆湯

其實，外公也會做些簡單的料理，如果他清醒的話。辛苦就在，大部分的時候，外公是個醉人。醉人是不管事的，我只能與哥哥相依為命。

「我買綠豆湯給你喝，別告訴別人。」冰涼的甜湯喝下肚，把早上沉悶的暑氣都消除了。我想，這裡也沒有別人了，世界真的只剩我們倆，得學著當老大。

「跟我一國的才可以進來，不然就出去！」我們開始建立起自己的小天地，對著其他小朋友撐起腰。小小的國度裡，上演只有我們才懂的內心戲——幻想晚一點爸爸媽媽一起來，接我們回家吃熱騰騰的飯菜。

「死囝仔竟然偷錢！」

爸爸就暴怒地喊叫，臉部漲紅、眼睛瞪大衝來，把我們拉回現實中，那破綻百出的家。

「偷外公的錢！我打你！」哥哥跪在客廳，抱著頭縮成一團，「我沒有偷，是外公給我的！」只有這一句辯解。

「偷錢還騙人！」父親打得更兇，像是把心中長久累積的怨恨、不甘一次發洩出來，毫無保留、用盡力氣。哥哥不說話了，是放棄掙扎的獸，默默承受一次次重擊。

等外公茫然醒來，或許真相才會大白，這碗傷心綠豆湯的錢，是他醉酒時掏出口袋，拿給我們兄妹倆的；也許到後來父親才會驚覺，他死命揮舞鞭打的「用錢教育」，卻是讓親子關係越逼越險的元凶。

哥哥身上的傷當然是好了，心理上的呢？我不知道。

只是誰也沒想到，不偷錢的哥哥，最後卻一再闖下大禍，欠下難以填補的債務。

而我的人生，從六歲有記憶以來，隨著事件的發生，一步步走向了歧路。

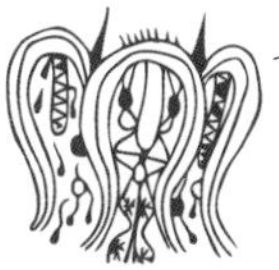

真相有時候不會只有一個，就看你從哪個角度出發，但能否走向圓滿的終點，需要更多的理解、包容和愛。

迷路小語

家庭暴力的發生，無法用「教養」一詞來加以美化。

大人也許不知道，當下身體的傷，很痛，但心更痛。身體的傷會癒合，但心裡的傷難好。

人與動物最大的不同，在於人懂得思考。思考的能力，在情緒爆發、理智斷線之際，最容易蕩然無存。能夠保有多少的思考能力，決定了傷害的減輕程度。

時時觀照情緒，感覺憤怒、悲傷和喜悅的起點，記下每個引燃的火苗，慢慢地會意識到它的存在。若能進一步掌握到它的存在，就能成為情緒的主人，而不被它牽著走。

父母不和睦，受苦的都是孩子。若是可以，當情緒來臨，別放棄思考，好好處理、解決問題。面對挫折，我們都還在學習，但我們可以陪著孩子一起犯錯，讓孩子陪著你一起成長。

1-5

童年沙漠中的一點綠洲

迷宮拼圖第五站：**承諾**

你不能依賴任何人，事實上並沒有嚮導，沒有老師，也沒有權威，只有靠你自己。——克里希那穆提（Jiddu Krishnamurti）

小時候總覺得不要隨意答應別人，因為答應了，就代表一定要做到。然而，當說出口的承諾變得不再可信，不知道還有什麼可以相信？

我不習慣依賴，而且早已學會沈默再沈默，用更巨大的沈默，捍衛心中一絲溫暖的角落。只是，這樣做對嗎？

鍾老師，用愛融化內心的寒冰

在外婆家的日子如沙漏，細細碎碎，想抓住什麼卻什麼都抓不住，只能任由幸福流光，直到荒蕪成一整片沙漠。

當身處沙漠，一點點溫暖，都是甘霖。

三年級，我第一次學會翹課。

當所有同學被限制待在教室裡，心中的一股漠然，使得我默默起身，離開座位，躲到一處沒有人找到我的地方。只有用這種方式展現微弱的自由，才能得到一絲報復的快感。

「你們不喜歡我，那我也不需要喜歡你們。」十歲小女孩的防衛心也是很重的，為了不再讓自己受傷，全校的老師，都知道這樣一個問題學生，班導師大概也是討厭我吧，獨自走在操場，我想著。

社會待我太殘酷，我只能以弱小的反抗表達不滿。

「今天太累了，沒有寫日記。」無視於老師規定，已經學會翹課的我，上課一點都不重要，也不把回家功課放在心上，平日也沒有便當可帶，中午吃飯時間直接吃同學的。老師常常一生氣，就要我進辦公室悔改。不過，就算再頑固的學生，也有可能被老師的愛融化。

鍾秀媛老師，第一個用愛包容我的師長。

瑞祥國小三年級的班導師，戴著一副厚重的大眼鏡，及肩的捲髮，不笑的時候看起來挺嚴肅，同學都怕被老師的眼神掃到，壞事都不敢做，只有我這個叛逆的小女孩，敢隨隨便便在校園裡閒晃。

「稀尹，老師在找妳喔！」

警衛伯伯，不能再讓我走一會兒嗎？

說也奇怪，無論我躲到哪裡，警衛伯伯都能找到。

發揮利他和正面影響力，
人人都可以做引導生命的老師。

「老師說要我來這裡找找看，果然妳在這裡啊，快點回去上課啦！」果然是老師派來的奸細！警察伯伯好說歹說，我才心不甘、情不願地踱進教室。不過，老師在講台上看見我走進來，卻只說：「稀尹，下課後到辦公室找我。」

站在辦公室裡靜靜等待，其實心裡是緊張的，卻要裝作蠻不在乎。

「今天放學後我會去家訪，回家跟妳媽媽說一聲。」老師認真直視我的眼睛，沒有笑，也沒有生氣，只是淡淡的說，還來不及回應過來，就要我回教室。

家訪？老師要來我家？雖然沒有打罵，但是老師要來我家中這件事，仍然令我害怕。

「噹—噹—噹—噹——噹—噹—噹—噹——」鐘聲響了，第一次，這麼不想放學。

遠離風沙的紅色達可達

我用著比烏龜還慢的速度，走在回家的路上。

小腦袋瓜中一直想：老師會不會把我在學校不上課的事，一股腦兒全和母親說？母親聽到這些，是不是又要罵我了？

多希望這條路一直延伸出去，不要走到盡頭。

到了家門口，老師也朝我走來，她穿著黑色包頭平底鞋，過膝的長裙與襯衫，淡淡微笑著：「稀尹，妳媽媽在家嗎？老師想和她聊聊。」「不要啦——」當時老師懷有身孕，我用不夠友善的語氣說：「我家又沒有人，妳幹嘛來？」

才推拖了一會，門就被打開了。門後站著母親。

似乎來到了懸崖的邊緣，內心已然萬般死灰。

母親客客氣氣請老師到客廳喝茶，謝謝老師平常在學校的照顧。

愛，有時候與悲傷共存：因為理解各自悲傷的身世，才能愛得無私。

我坐在一旁，雙手緊握著汗，七八頭小鹿，在心裡亂撞著，等著老師一一訴說我的惡行，祈禱拜訪能趕緊落幕。

「蔡媽媽，今天來是想和您商量，想從明天開始，早上七點由我來接稀尹到學校，也會準備便當，中午就在辦公室吃飯午休，放學後也會送她回來，有空的話陪她念一下書。」母親連忙說謝謝，再談一點細節，老師就回去了，我在學校的狀況，隻字未提。

從此，我的一天，從媽媽陪我等老師騎著一台紅色達可達機車開始。

「同學會怎麼想？看見我有老師特別照顧，會不會更加討厭我、排擠我？」雖然不是想像中的告狀，但是似乎被剝奪了自由，我坐在老師的機車後面胡亂想著。

我看見天上的雲從頭頂飄過，它們都無法給我答案。

「同學，老師今天要跟大家說，因為稀尹的狀況比較不一樣，所以老師以後中午會多準備便當給她，也希望大家要多多幫忙，每個人才會越來越好。」第一堂課，老師就好好跟同學溝通了這件事。終於，我也成了有大人接送、有豐富便當可吃的小孩。

老師還請同學無時無刻跟在身旁，讓我無法再蹺課，限制我的自由。只是當時年紀小，無法理解老師的苦心，一度抗拒這份關愛。

我很討厭這一切，依然不喜歡待在教室裡。

記得美術老師是一位年紀很大的老師，上課時交代本次繪畫主題，發下畫紙後就開始坐在台前打瞌睡。但班導請美術老師准許我，在每次課堂中，可以走去合作社幫他買楊桃汁，藉此讓我到外頭晃晃，作為不再翹課的「獎賞」。

現在回想起來，老師的紅色達可達，就像沙漠中的駱駝，載著我遠離風沙走塵，找到一處解渴的甘霖。

電影《奇異博士》有段對白，惡靈多瑪暮：「你在幹什麼？你不可能贏的！」奇異博士：「我知道，但我可以一直輸。」沒錯，我也可以用無數次的輸，翻轉人生的贏面。

遺失的日記簿，斷線的師生緣

無形中，我和老師慢慢建立起不一樣的感情，不再只是單純的師生關係，她之於我，就像個媽媽一般。

即使，老師當時即將有自己的孩子，肚子很大，仍然像個溫暖窩心的媽媽，看顧著我，注意我的喜好，做我喜歡吃的菜，慢慢地我對她產生越來越深的依賴與信任，我也開始習慣主動唸書的感覺。

放暑假之前，老師對我說：「如果有天沒有看到我來載妳的話，就表示我去生小孩了，妳要好好的考試，我會再打電話給妳。在我產假這段時間，要答應我乖乖的，交代的事情都要做到喔。」

我聽著直點頭，內心卻湧起一股強烈的感傷，無端想著：老師，您說的我都會做到，只要您不丟下我……

為了實踐諾言，我開始寫日記，上了什麼課、和誰說了什麼話、吃了哪些菜，通通寫下來想和她分享，想讓她知道，即使她不在，我也會過得很好，都有按照她所交代的，做事要有規劃。

只是在命運的安排裡，老師註定只是過客。

等不到老師產假回來，我又要轉學了。

考完試，準備放暑假的時候，我才知道，爸爸媽媽又要搬家，可是我不知道要去哪裡才可以找到老師，告訴她這個訊息，也沒辦法把日記拿給她，打電話到她留下的號碼，也沒有人接聽。

我很害怕，好不容易建立的關係，又即將逝去。

我們常常渴望被心靈治療，
卻忽略了有可能的心靈「自療」。

「我不能沒有妳，希望老師不要離開，請一定要打電話給我……」日記中我真切寫下。

爸爸說要幫我把日記簿拿給老師，可是搬離一段時日後，我左等右等，就是等不到老師的電話，那本日記簿也許並沒有交到另一端，就這樣斷送了這段師生緣份……

但是老師對我的好，點滴在心，即便到了新學校，我仍時時想起老師的叮嚀：「要做好事情，讓大家開心，就有人會注意妳。」我努力爭取可以表現的機會，帶給周遭的同學開心，把自己過得充實豐富，老師，您有看見嗎？

鍾老師的關懷，是我童年中的綠洲，若沒有遇見她，也許我早就學壞了。

雖然，現在離「成就」兩字仍然很遠，但是回想起這些，即使是再微小不過的事，我都懷著滿滿的謝意。

天下老師，學生永銘在心！

迷路小語

我們期待父母的關愛、老師的教導、長者的指引、同儕的幫助，卻忘了成長是沒有前路可循的，每個人所面對的風景可能不同，迎接的挑戰和考驗也必然不同，關愛、教導、指引可能是一種方式，但殘酷世界裡面，冷漠、敵對、攻擊、背信則是上述的另一面。

儘管每個人的曲折各不相同，重要的是，心中保有對愛的想像，即是引領自己走向光明的探路燈。

自己有了小孩以後，更能體會老師的苦心。

那真是母親對於孩子的愛，在我需要溫暖的時候，這樣的關懷，於我無非是場及時雨。她理解我的倔強，教我做人的道理。我真的想念她。

如果在經歷過這麼多事之後，如今的我還保有一點愛人的能力，鍾老師愛的灌溉，功不可沒。

1-6

家，到底是什麼樣子？

迷宮拼圖第六站：**信任**

幸福的家庭都是相似的，不幸的家庭各有各的不幸。俄國小說家、哲學家列夫．托爾斯泰如是說。但總要有家，才能成一個家庭吧？沒有家的人，或沒有家人的人，是否還能夠唱那首「甜蜜的家庭」？我不要求別人對我有信心，但對於家人的懷疑和恐懼，卻始終揮之不去！

因為，失信於我的，正是我的家人和朋友，最後，變得連我也不相信我自己……

定義模糊的家

「我要回目前『住的地方』，但不是『回家』！」

不斷地輾轉流連在各個親戚的住處，使我對「家」的意象越發模糊。

如果說有爸爸、媽媽的地方，就是家的所在，可是總是不斷被大人遺棄、不斷過境遷徙的我，家，到底在哪裡？

經過孤單的幼年，屬於少女的叛逆正在心中悄悄壯大。

成長歲月裡索愛不成，因此開始學會武裝，升上國中，我成了同學眼中防衛心極強的人。

沒有人發現，我也需要愛，大人都比較愛哥哥，只因為他有氣喘，多希望我也有呢。

「小孩子不懂不要亂講。」每個人都這麼說，但是你們錯了，對於愛這件事，小孩子是最懂的，那一點一滴的好與壞，在心中天秤上顯示得清清楚楚。

如果真實世界裡也有「鏡次元」，那麼
屬於另個時空的自己，也能夠帶來力量，
行使自由，不被討厭的武器。

我一直很不能諒解，大人的心思都在哥哥的身體狀況上，當哥哥氣喘發作，即使是三更半夜，爸爸媽媽也會馬上帶去看醫生，而我生病的時候，只有一個人。

「桌上有錢，自己去看醫生。」當我不舒服，媽媽是這樣說的。

小學四、五年級，感冒了都是自己拿著錢找醫生，醫生、護士看見一個孩子身邊沒有大人，連忙問：「爸爸媽媽呢？」我不知如何回答。只是唯唯諾諾告訴醫生哪裡不舒服，後來才發現其實我也患有輕微氣喘，但偏心的大人們都不知道，於是天秤越是失衡。

為什麼哥哥生病，你們就會帶著他去看醫生，我發燒生病，就只能自己去？我也很害怕打針啊！但是大人們不願理解，只能任由另一名幼小心靈滋生怨懟：「稀尹，妳不需要任何人。」

於是，收起索愛的天秤，關起心門，不願再被人秤斤論兩的傷害。

自此，我成了一名無愛之人。

習慣一個人的孤單

一個人也過得好啊，又何必需要其他人相陪。

不過，既使如此，再度遇到分離的時候，傷害仍然輕易穿越築起的高牆，刺進心坎。

國一上學期，透過小姑姑的介紹，爸爸在嘉義找到了工作，不知道什麼原因，只帶哥哥一起北上，留我一個人在原地，又一次被遺棄。

「那我呢？」我暗暗自問，而爸爸從不解釋。

原以為已經習慣了，可以不再有感覺，但知道這消息的當下，依舊聽到心碎的聲音。

不過，老天爺要帶給你痛苦時，必定是要你明白某些快樂。

我的表姐們，當父母相繼遠走，再次留下我一個人的時候，所幸還有她們。

我有三個表姐，給了我這時期最重要的陪伴。

二表姐跟三表姐非常疼我，當時二表姐在台北唸書，只要回高雄就會帶我到處遊玩，跟著那些追求表姐的男孩子們烤肉、跳舞，「稀尹，妳說誰對妳比較好，我就跟誰好一點。」表姐悄悄對我說，玩笑話中帶有姊妹的親暱，我感到一陣窩心。

寒暑假返校日來到，三表姐會以家屬身分陪同，「這是我妹，誰都不能欺負她！」看見討厭的同學走來想欺負我，表姊會挺身出來保護著，讓我覺得心安。

身為姊妹，無論好事、壞事都要算我一份。

儘管二姑和姑丈管教深嚴，但道高一尺、魔高一丈，表姐都會藉口帶我出去玩，在看不見的場合裡解放自由，偷抽菸、打麻將、跟男孩約會等，我就負責把風或充當擋箭牌，緊張又刺激，雖然我好害怕會被發現，但是表姐們倒是神色自若。

她們的存在，像媽媽又像姊姊，國一生理期來的時候，我什麼都不懂又感到很害怕，還好有表姐代替缺席的母親，在一旁親自教導。

甘於平凡是不是種幸福？我不確知，
但面對歧路不斷的人生，更需要莫大
的勇氣。

還記得當時買衛生棉都不好意思，每回到藥局都假意說是幫表姐買的，點點趣事的積累，倒也幫忙沖淡了些許少女的哀愁。

某些媽媽沒給，或給不起的，被姊姊們的善意補起。

直到她們一個一個到外地讀書，我才重新與孤單作伴。

不再期待的親情，不愛回家的少女

「嗶—嗶—嗶—嗶——」B.B CALL，現今孩子應該很少知道是什麼？這可是我思念的寄託啊！

我的國中年代，每天早上都是一個人起床，一個人吃早飯，一個人走路上學。偶爾二姑丈順路載我，而表姐她們都到外地唸書工作，只剩下我。

當年沒有手機，B.B.Call 是唯一打破空間的連結。或許是寂寞的關係，我沒事就會拚命 Call 父親，想要牢牢抓住，深怕這條線，一下子就不見。父親偶爾回覆，即使回覆也是一句話就結束，更多的時候是，毫無音訊。

其他的時間，我就是哭。

我常常忍不住對著二姑姑跟奶奶一直哭，因為爸爸媽媽偏心不要我，只要哥哥；因為所有人都瞧不起我們家，我們家窮。我一直哭，因為寂寞，心裡破成大洞。

「這是真正的愛嗎？」「有人在呼喚我嗎？」
當屏除所有質疑，不再外尋，才能先找到自己。

其實理智上知道，奶奶也很疼我，任何當下順口講出來的話或行為，全出於無心。只是受到父親的影響，在那些需要被理解和陪伴的當下，這些溫情都不在。聽明的大人們當我在情緒宣洩，頂多一陣就過去，沒有人真正在意一個「被棄小孩」的哭鬧，讓我從此明白，不用再期待得到親情，而不期待反而才有可能受到關注。

一段時間過去，眼淚和 Call 機依然沒有少，有時喧囂，有時冷漠，嘉義的小姑姑看不過，國一下學期的時候，終於叫爸爸把我接往嘉義居住。

不過，即使血濃於水，寄人籬下的感覺，還是揮之不去。

小姑姑是個傳統思想的女性，信奉孩子不能輸在起跑點等教條，無論女兒對鋼琴再沒興趣，她還是送寶貝孩子學鋼琴，強迫她非得練到好。

除此之外，生活上規矩很多，不管誰家的孩子，早上六七點就得起床，梳洗吃早餐準備上學，假日也不能睡到中午，跟奶奶家很不一樣。

當時小姑丈因為建築生意的關係，每天都要喝酒應酬，小姑姑心頭不高興，就拉長著臉，也不說話，任誰看了都不舒服，導致一個屋簷下猜忌四起，我總認為她不喜歡我們住在這裡，打擾了她，也害她們夫妻關係失和。

小姑姑的子女年紀都小，在她盡心栽培他們之外，一種「你們」與「我們」的隔閡油然而生，更加凸顯出兩家人無法跨越的巨大差異。

每日辛苦浮沉在大人的臉色之中，父親工作也慢慢比較穩定，感覺得到，壓力減輕之後，對我們的關懷多了一些。只是在我需要他的時候，他都不在，而如今，我已經對稱作爸爸的他失去信任，對所謂的「家」失去信賴。

「聽媽媽的話——」「要聽爸爸的話——」

可是我沒有媽媽的話可聽，一個若有似無的父親，我要怎麼對他傾吐內心話？

於是，我的遊蕩不歸，變得更加理直氣壯了。

我常常聯合哥哥欺騙爸爸，說補習要繳學費，然後拿著補習費出去玩，而沒有去上課。

有一回我們兄妹蕩到公園溜冰，踩著溜冰鞋滑過，腳邊的花草跟著翻捲飛起，

如果有家，就不怕迷路，因為總有一處期盼
並指引著你的歸返；但沒有家，更不能迷路，
萬萬不可遺漏走回心靈之家的那段標示。

似乎是在列隊歡迎我這個不愛回家的少女；風直吹我的臉、我的外套和制服，彷彿把煩惱都吹走，我滑得越快，吹得越遠。

這才是青春酣暢的人生啊！

「稀尹，你們不是要補習嗎？」突然有人喊聲，我嚇一跳，回頭一看，竟然是小姑丈！

「呃……恩……。」謊言被識破，待在原地的我不知如何是好。

「以後不要這樣子。趕快回家！」小姑丈看了我們一眼，什麼都沒說，便往家的方向走去。

小姑丈的背影滿是無奈，不知怎麼心頭泛酸，鞋子變成鉛，拖慢我的腳步，拉長我的無助。

我很想回家，真的，只是我不確定，小姑丈走去的方向，真的是我的家嗎？

迷路小語

成長，讓人看清楚很多事，一度身陷幼年時期的死胡同，因為經歷過灰敗迷茫的日子，才能設身處地看見其他孩子正遭遇相同的無助，發出同頻的求救訊號。如今當我成為一名母親，再回過頭看我的青春，終於可以理解，為人父母的心情。

很少有大人不疼愛孩子的，看看我的外婆，她其實疼我，就算賺得不多，仍然讓我穿暖吃飽睡好；小姑姑的抑鬱，需要有被理解的出口，反問有誰真能忍受，另一半夜夜應酬晚歸？而我的父母心裡有苦，很難盡說，如同前面提到「幸福的家庭都是相似的，不幸的家庭各有各的不幸。」我剛好站在不幸的那一端罷了，只不過，又有哪個家庭是全然幸福的呢？人們常說：「逝者已矣，來者可追。」然而，如果說人生可以買一個希望，我要買的不是遙不可知的未來，而是可期待的現在。

輯二

迷走青春，這殘酷的愛

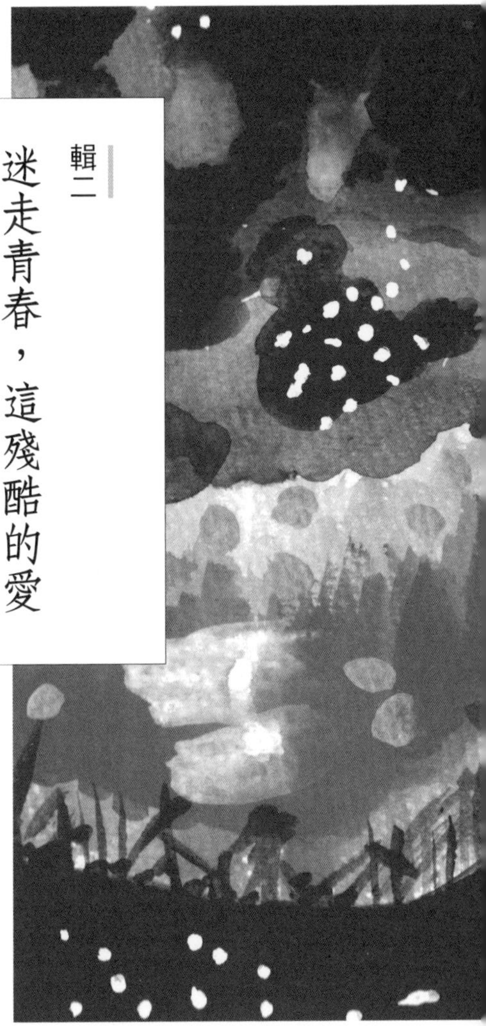

「靈裡貧窮的人有福了，」沒有內在負累，沒有認同。當你放下認同而成為「靈裡貧窮」的人時，你會有那個簡單但深遠的本體喜悅。

——**艾克哈特・托勒**（Eckhart Tolle）當代心靈導師

迷路回家

生命為我拐了許多彎

「我無法和他們一起生活了！」妳指的他們，正是一再撕裂內心瘡口的家人。當妳在孤獨中慢慢成長，告別童年的陰霾，走到青春和成人的交界口，掙扎中學著獨立，已經不再渴望回家，不再期待這份可有可無的親情。

當妳需要他們時，他們一再缺席；如今的妳，已然厭惡且不需要了。

妳依然渴望溫暖，但已深刻明瞭：原來愛是一種陪伴，但是很多人都做不到……。

夢境中，妳走進一個山洞，裡頭坐著出現一隻黑色老虎，毫不懼怕的妳慢慢向牠靠近：「我沒有惡意！我不知道該往哪裡去，你陪我一起去好不好？」老虎用著牠銳利的眼神，炯炯有神地直盯著。「我好孤單，你能陪我嗎？」牠彷彿守護神一般，傳遞出一種溫和關愛的氣息。

藉由一場場夢境的奇遇，聆聽身體發出的聲音，聆聽心靈發出的頻率，暫時拋卻情緒，跨越時空的想像，再次接受聲音引導，走向事件的當下。

茫茫汪洋中，每個溺水者都想奮力抓住一塊浮木，但往往沒想到其實可以自救！現在，又剩下妳一個人了，妳要學著克服害怕。

2-1

崩壞人生，夏日的青春輓歌

迷宮拼圖第七站：**獨立**

你是觀察者，情緒是被觀察者。

隨時問自己：「此刻，我內在有什麼樣的情緒？」這個問題將把你帶往正確的方向。——艾克哈特．托勒（Eckhart Tolle）

一直到長大才驚覺，我害怕的和我渴望的，竟然相互重疊。

我為家人失魂、傷神，更由於毀敗的家庭關係，漠然地走入歧途，尋找可能的遺世而獨立，殊不知體內潛藏的恐怖情緒——厭棄、怨恨、孤離，像狂潮一般淹漫過我，險些溺斃……

爲了錢，我失去了愛情和朋友

「稀尹，幫我籌一筆八千塊，有急用！」不知道什麼時候開始，和哥哥交談的機會，只剩下要錢的時機，不必過問發生了什麼事，他也從不說明細節，其他的時間，我們形同陌生人。

經歷父母多年的冷漠、遷徙、不穩定之後，本該憧憬浪漫的十七歲，我對青春卻已不再期待。

還是高中生的我，被現實逼迫掉入金錢遊戲，陷入其中無法掙脫。

或者也可以說，冥冥之中有股力量，對我做反向拉扯，而我選擇無視。

沒有期待，就沒有傷害。我這麼對自己說。

不過，傷害卻無所不在。

不愛唸書，就要學會一技之長，才養得起自己。

冥冥之中的宇宙力量，將為夜行的人們指引方向，重點是張開心眼，聆聽自己的內在聲音。

小姑丈推薦到保齡球館工作，同時又透過好朋友引介，進入一間新穎的髮廊，從學徒開始做起，每天和同事一起上下班，那是我第一次嚐到獨立的自由。

沒想到的是，自由過了頭，代價未必擔得起。

髮廊老闆是個大哥哥，幽默風趣長得帥氣，又相當照顧幾個小妹妹，迷得我們這些學徒團團轉，誰和老闆對到了眼，誰就高興一整天，若再多說兩句話，作夢也會笑。

你看——像這樣綁髮飾，好看嗎？

雖然只是洗頭小妹，但仍然把自己穿得美美的，化點口紅、眉毛，無非希望老闆多看我一點。

「稀尹，今天眉毛很好看喔！」

看來這招果然奏效，大哥哥有注意到。

從此之後，下班不再與同事走了，而是坐上他的摩托車，到處閒晃、玩耍吃飯，「因為妳是我女朋友啊！」他這麼說呢，我也就傻傻相信了，這份相信，包含著情感和身體上的託付。

女孩的第一次，以此為記。

我把事情經過寫在一封信裡面，準備寄給在高雄認識的國中同學，分享這份玫瑰心事，不料住址寫反了，信件輾轉寄回了家中，被家人發現。

家人私自打開信件，當下的心情——震驚、不知如何啟齒，只能等到晚飯過後，連同爸爸把我叫到房間去，把信拿給父親。「你女兒做的事，自己看。」大概不知道該如何開口，姑姑點了引信，等著爸爸反應。

「男生的電話給我拿來！」震怒之下的父親，場面幾乎失控，他氣到只脫口這句。

「你是那個誰誰誰嗎？我女兒還未成年耶！……」我覺得不被尊重，大人們何必如此，只是男女之間的正常交往，可以罵我做錯事情，可是為什麼逼我交出電話號碼，當著我的面打電話給對方？然後開始監控我的行動，還跟對方索討「遮羞費」。

「老闆被仙人跳了。」所有人都在耳語，細微卻清楚。

男女合情合意的來往，怎麼到了別人眼中，就成了金錢糾紛？

那燃成熊熊烈焰的妒恨，源自不滿；唯有釜底抽薪，才能從耿耿於懷的情緒恐嚇中獲得紓解。

我身上像是長了刺，遠遠地遇到我，所有人都一轟退散，連眼神都不屑對上。我心裡明白，他們會在身後聚攏，用種種不堪的言語，數落我的處心積慮。

說到底，都是為了錢。

是不是只要有了錢，父親就能不再生氣，解決所有的事情？恐懼的事，我竟然猜對了謎底。當時跟著爸爸到場，和男方拿了錢之後，他便不再生氣，也不再提起這件事，當這一切從未發生過。

騙誰，怎麼會沒改變呢，爸爸？因為這件事，我被冠上背叛失信的罪名，在同領域的生活圈當中，我再次失去朋友。

我做了什麼事情呢？而且錢拿了，這筆錢呢？大人到底把我當成了什麼？為了錢，寧願犧牲掉我的愛情和朋友。

爸，錢可以買到所有東西嗎？包含我碎成片片的心嗎？

想要的自由，讓我付出昂貴代價。這份難以企及的渴盼，我已高攀不起。

用死作爲脅迫，逼上歧路

所謂的自由，果真得不計代價嗎？難以企及的渴盼，到底成全了誰？

「你們只要錢，好——，都給你們。」

自此，我對人生的價值開始一一崩裂。

我開始覺得無法繼續住在小姑姑家，逃家成了家常便飯。

因為「遮羞費事件」鬧得沸沸揚揚，受不了同儕的輿論壓力，加上心頭想著錢，再無心課業練習，索性念到高三下學期辦理休學。

原來「金錢」可以買到一切，我又何必留下？

沒人理解也沒關係，我還有我自己。期盼趕緊成年，一切由我自己作主。

「上次的八千花完了，再給我八千。」

然而，真正讓我不擇手段的賺錢，卻是我那貪得無厭的哥哥。沒有太多交集的彼此，彷彿魔鬼般的索求，一次又一次，開啟無止盡的循環黑洞。

命運，有跡可循；當下的念轉，造就未來的人生。

父母暗裡裝作不知道，後來還明著幫他，任由哥哥向我壓榨，而我無力反抗。為了應付哥哥的無底洞，未滿十八歲的我開始下海，踏入八大行業。

「告訴我，是誰牽線帶妳上班的？」哥哥沒想到是他的貪婪所成，手裡急著拿錢，嘴裡假意責怪那個帶壞我的朋友。

一度想戳破那虛假的關心，卻隱忍在心頭：「你雖然責怪朋友帶我去酒店上班，但仍舊不斷地跟我要錢，再多的心疼都是假的，還不都是為了錢。」

「妳不要跟哥哥計較，妳要是這樣子，我不如去死一死算了。」「反正大家也看不起我，我乾脆死一死好了。」

「你們都不要死，讓我先死吧！」爸爸和哥哥的以死相逼、以愛相迫，戳中我的敏感神經，這兩句話像是繩索，勒住我的脖子，到最後令我受不了反抗。

言語脅迫的愛很可怕，但父親並不自覺，一而再、再而三，默許並縱容哥哥予取予求，然而我賺錢的速度永遠趕不上他闖禍的速度，把妹、買名牌、賭博、借貸等揮霍成性，甚至到大陸詐騙被抓，惹得跨海官司。

毫無責任感的人，雙手一攤，彷彿印證了——逃避很可恥，但很有用。

「夠了！」我的青春已然葬送，如今的我無法再擔負他的罪責，換我逃避看見、聽見有關他的一切，任何都不想知道。

「我會養你，但是我沒辦法再像以前一樣，無止盡的供應哥哥……」這是我對爸爸最後的底線。因為不管給他再多錢，他也悉數金援哥哥，根本無濟於事。

斷絕聯繫，是我目前唯一能救我自己的方式。

六月出生的我，對著自己唱生日快樂，宛如一首告別青春的輓歌。

我永遠記得，那個夏夜無風地帶，多期望有一個防空洞，能安置我的千瘡百孔。

一旦想開，跳脫了，有些傷痛瞬間就
雲淡風輕。倚立懸崖邊，一線之界，
全在於人的一念。

迷路小語

親人間的情感綁架，最是可怕。

尤其對孩子，將會造成心中巨大且沉重的壓力，扭曲價值觀，令他彷彿永遠站於懸崖邊口，進退失據，無法跨出的憂傷，終成為一輩子的創傷暗影。

孩子需要的傾聽，不是勉強。

別把情感強加在對方身上，那只會成為彼此心理上的缺口。

你的不安全感，需要自己鞏固；想藉由攀附，或全盤加諸於他人，都無法解決該一肩扛起的問題。個人的責任需要自行擔負，若是逃避，將令自己日後的路途更加艱難。

愛，是適切的溫度。

總是以死作為脅迫的手段，有著莫大殺傷力，如同星星之火一般，燎原的烈焰，不只燒到自己，也燒了別人。

點火之前，請多想想自己，也想想身旁所愛的人吧！

2-2

別怕，讓我守護你內在的微光

迷宮拼圖第八站：**臣服**

我走上了一條比記憶還要長的路。陪伴著我的，是朝聖者般的孤獨。我臉上帶著微笑，心中卻充滿悲苦。——切・格瓦拉（Che Guevara）被譽為二十世紀「革命之神」

好幾次夜深人靜獨處之時，都希望人生真能如一場夢，但慢慢撥開雲霧，走過，才發現悲苦是一念，微笑是一念。

捍衛生命的革命家，需要有如火炬般的熱情，燃燒自己，只為成就他人，而我，奔赴五光十色的歡場營生，縱身燈紅酒綠的八大行業，誰能夠理解我內心也有過偉大的輝煌？

誤闖酒池肉林的小白兔

「妳一天上班多少錢？」我主動問哥哥的一位女性友人。「四千。」一天四千在當時聽起來很多錢，其實不多。「怎麼領錢？」「十天為一個檔期領一次。」「好，我去！」她沒問原因，我就這麼踏進八大行業。

穿著改良式旗袍的制服，不懂喝酒的我，今晚起，就是名酒家女。我替自己取個可愛的花名——壞壞，以為可以武裝自己，強忍恐懼。

「來！媽咪保證不做其他的事情，時間照買，買到底兩萬兩千多唷！」記得上班快一個月時，大班叫我陪一個客人吃飯應酬。

「可是我不敢耶！」下意識想直接回絕。

「媽咪向妳一再保證不會出事，況且我已經跟客人收了錢，如果妳不去吃飯的話，以後會很吃虧，不會有人找妳坐檯，也就沒有錢賺了喔。」就在半哄半騙、軟硬兼施之下，把自己推向危險境地。

勉強吃完一頓尷尬的晚餐，那名客人叫我陪他回辦公室拿個東西。

「好，我在樓下等你！」

「妳陪我搭電梯上去，拿東西一下就好。」

挨不過死命的請求，心裡想說好吧，剛才吃飯也沒有怎樣，於是跟著上樓，此時他要我走在前頭。

我繃緊神經，仔細留意周遭環境，他抵達定點刻意擋住我開門，我快速瞥見屋內空蕩蕩，連辦公桌椅都沒有，這是公司？當下不管三七二十一，馬上轉頭拔腿就跑。

說時遲，那時快，他趕緊趨上來動作，想要抓住我。

「有人在追我，拜託你保護我！」我脫下高跟鞋，一路從大樓狂奔而出，看見一家軍醫院，情急之下，對著台子上站哨的阿兵哥求救，然後躲進他身後，隨即便看著那名客人急忙跑來，情急的東張西望，確認看不見我的身影，才從眼前溜走。

「得救了」，終於鬆一口氣，此時，我的臉頰已經分不清是汗還是淚。

人海汪洋中，每個陷溺者都想奮力抓住浮木，勇敢臣服逆境，袒露自己的弱點，即能反身自救。

我猜想，那名客人不知道和媽咪做了什麼私下協議，倘若不是當下反應夠快，都不敢肯定是否能夠安然脫身。

這事之後，連錢都沒拿，我就離開了這家酒店，再也沒有踏進一步。

皮夾裡，一定要帶上的照片

「唉唷，大哥，這是我小妹啦，若要得罪的地方，我代她竟你一杯！」這時有位姐姐，捨身跳出來幫我，她就是妮妮。

雖然在那間酒店發生了可怕的事，卻在同時間認識了一位極為疼愛我的姐姐。

「媽媽桑，妳小姐的酒店規矩懂不懂啦！」一開始不懂什麼保護自己的手段，也不知道如何婉拒一些要求，常常受人欺侮。

當時，有個聽說是當地縱橫黑白兩道的大哥喜歡我，也常來捧場，沒想到因此造成其他小姐不悅，找來熟識的客人，藉機灌酒或找碴，妮妮就會挺身而出幫我打圓場。

喊她「姊姊」，她真的就像親姊姊一樣照顧我，甚至想過要把保險受益人寫我的名字，在她的保護之下，彷彿再也沒有任何人可以傷害我。

「壞壞，妳有夢想嗎？」

「我，我……，妳先說說看。」一時語塞，只好反問她。

朋友，不一定要共患難，但要共享福。
落難時，彼此取暖容易；待一方有成，
別忘了猶在泥濘中的另一人。

「我的夢想，等我們賺夠了錢就離開酒店，一起到日本，妳可以繼續就學，我就開一家咖啡廳。」

當她說出「一起」的時候，眼睛閃著光芒。

妮妮的媽媽改嫁日本人，帶著她移居異地，日本繼父非常疼她，將她視如己出，後來因為感情生變，才黯然帶著妮妮返回，為了照顧媽媽，儘管有著日本東京商科的好學歷，卻走入八大行業，彼此都有著難言之隱。

在酒店上班好幾年後，漸漸摸索出生存之道，經理交代什麼就做什麼，反正目的是賺錢。漸漸地，成了紅牌小姐，酒店的搖錢樹。

只是樹大招風，人紅招忌，亙古不變的道理。

但是個性天真如我，不曉得圓滑世故，只想依本分工作，無意勾心鬥角。妮妮知道了，老替我抱不平，因此得罪了那幫小姐，最後不得已只好轉換地盤。

老天似乎並不特別憐惜同病相憐的我們，在她生日當天，一場意外的車禍無情帶走了她。這一轉移陣地，妮妮卻是永遠離我而去。

「祝妳生日快樂，祝妳生日快樂，妮妮生日快樂……」在她的房間裡捧著蛋糕，輕輕為她祝福，歌未唱完，早已泣不成聲。

「我知道妳在這裡，原諒我一時和妳鬧脾氣……」再多的懊悔都嫌太遲。

至今，皮夾裡依然帶著姊姊的相片，想像她仍在我身邊，這份信念，讓我們依然那麼貼近。

只是失去了一個曾經如此親密的人，就像拼圖始終少了一塊，補不起美麗的畫面。

而我，只能帶著遺憾的缺口，孤獨的趕赴下一站。

有愛的地方，就是家

房子，不等於家。

長大之後才知道，有安全歸屬感的地方，才叫家。

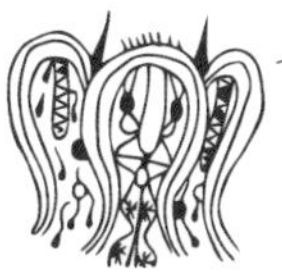

學習從不同角度看待生死，對生者而言是賀禮，對死來說也是祝福。

「去小地方，不用扛業績，當個花瓶就好，而且像妳待過大酒店，店家還願意給出高額的日薪。」聽到經紀人這麼說，不用跟客人多交流，省卻不必要的應酬，我就欣然同意了。

於是，來到苗栗的「天天開心」。

店如其名，確實是個歡喜地。

「這些小姐不管到幾歲了，只要還需要一份收入，我們就願意給她機會，於是就有了另一間『快樂皇宮』，讓一些年紀較長的姐姐，還有地方可以去。」

「這些小姐沒有親人、沒有地方去，需要工作，這裡有種讓人安心的魔力，於是，幾乎成了小姐們最溫暖的避風港。」

我聽著兩位「媽咪」這麼說，內心湧起一股感動。

因此，「天天開心」和「快樂皇宮」兩家店，就像孿生姊妹一般的存在。

也許，對願意奉獻的人來說，看見身邊的人有好的歸處，是比錢還重要的事。

反倒是我，過去自立自強習慣了，對於突如其來的互相幫助、親切待人，竟覺得不太適應。

「壞壞，來吃薯條啊！」

「柿餅很好吃啊！給妳一個。」

食物傳來傳去，彼此之間扶持的愛也是。

廚房阿姨煮好飯，吆喝大夥圍成一桌，餐桌上笑笑鬧鬧，氣氛溫馨，就好像一家人。

小姐不只是店裡最重要的資產，還如家人一般的重要。

因此，客人賒帳、鬧酒都好商量，但只要傷到小姐，那就是比天塌下來還嚴重的事。

曾有個客人，帶了一些朋友談生意，其中有個人喝了酒硬要扒小姐衣服，一開始叫我坐他旁邊，還好找藉口，一下子胃痛、一下子上廁所，在包廂中走來走去，忙得沒時間坐下。

而後，竟變本加厲，拉著小姐去撞鋼管，還讓打了一巴掌！小姐一哭著出包廂，事情絕對大條了！

別害怕，任誰也無法撼動生命的希望火焰，
讓我們一起守護內在的輝煌。

客人見苗頭不對，當下想要離去，一到門口，少爺就把鐵門拉下來，通知所有包廂，人都暫時不要出來，還打了救護車預備，這下，就看小姐要怎麼處理。

「打了我家的人，沒有解決，今天就別打算走出這家店。」少爺這麼說著。

結果，這一巴掌，代價是十八萬八千八百八十八元。

在這裡，沒有誰可以欺負我們，這就是天天開心，充滿家的氣味。

大都市的冷漠、姊妹的鬩牆，讓我遠避至此，我像朝聖者一樣，懷著孤獨和悲苦的心情來到此地，卻因為媽咪們有如火炬般的熱情，燃燒自己，成就他人的無私理念，感染了我。

當我臣服於內在的失落，才發現，想要實踐一份偉大的輝煌，其實沒有那麼難，這裡的微光照亮了「家」的模樣。

原來，這正是歸屬感。

她們，都是我的家人。

迷路小語

其實很多女孩子從事酒店行業，迫於無奈。

請不要用有色眼光看待她們，而且這不是一件可恥的事情，小姐只是一種職業選擇，既不偷也不搶。

酒店少爺也是一樣，一般世俗認定他們好吃懶做、不務正業，才會從事這份工作，其實不是這樣的。儘管有些少爺會迷失在燈紅酒綠的世界中，也有些對自己極有想法，充滿規劃，累積資本後，持續邁向往後的人生目標。

我想藉由自身的經歷，把所見所思真實的寫下來，不期待能扭轉偏見，只希望能獲得更多理解。

住在「天天開心」的日子，可以說是一段天天開心的時光，不用害怕會受到傷害，那大概就是安全感吧。

有安全感的地方，我想，那是家，住在其中的人，就是家人！

2-3

當時，我們都不懂愛

迷宮拼圖第九站：**放下**

結婚的目的就是二十四小時都在對方的頭腦裡。結婚的目的就是以愛為名，摧毀彼此：嘮叨、騷擾和爭吵。——奧修（Osho）二十世紀靈性智慧大師

奧修闡述「愛、自由與單獨」，說到人們只需擁有連結的經驗，而不需要進入關係。保有婚後的自處空間，而無婚姻的實質限制，就能在不期而遇時感到莫大的喜悅，這是種什麼樣的夫妻形式？走在婚姻路上，我都忘了鞋裡已跑進了太多砂礫，沉默踩著屬於我的苦行之旅，遠方的磨難，似乎還沒有停止？

動心時刻，愛的柑橘園

「壞壞妳來，我們來玩一支十塊錢！」說話的是享哥，酒店「圍事」的頭頭，看我一個人，出聲叫我。

那個撲克牌的美好年代，餘興時都喜歡玩上幾把，但一支十塊錢不是筆小數目，後來阿享輸給我三千多元。

「妳敢向我討錢？準備明天翻報紙找工作了嗎？回去、回去了。」向他討賭資的時候，他竟然要賴。

「你真的很沒水準耶！」只能落下一句，摸摸鼻子走人。

隔天，氣氛變得異常微妙，阿享到處進入包廂跟各路朋友打招呼，而只要有他在的場合，就一定叫上我，然而我進去後，他身旁的位子，一定空著。意思就是，我身邊不能坐任何人，除了他。

感情升溫的過程中，任何無聊的玩笑，例如心電感應如此不科學的笑話，反而記得一清二楚。

愛情，能有什麼道理？其實，
只需要用心體會，感受當下。

「告訴妳一件事，我會法輪功。」我記得，阿享露出少有的認真表情。

「什麼法輪功？那是什麼？」

「我現在叫少爺阿弟出去，把眼睛矇起來，然後跟他心電感應，等一下妳只要隨意指出一杯酒，我就可以心電感應讓他知道是第幾杯。」我半信半疑，看著阿弟出了包廂。

沒想到，他每一杯酒都猜中，然後就會露出那種洋洋得意的討厭表情。幾次之後才知道，才不是什麼心電感應，而是言語暗示，事先講好要笑話我的。

「既然都猜到了，陪享哥吃個飯吧。」

這才是最後的目的吧，我想。

「不是要吃飯嗎？」

「早上六點多耶，要吃什麼飯？」

「早餐啊，走吧！我不會吃了妳。」

說實在，私底下我們原本沒有太多聯絡，直到某天早上的一通電話。

所謂早餐，是買了小七的兩支冰棒，再帶到山上吃。那天很冷，聊了一會後，我的心竟有點暖。

「該回家了。」他的話裡沒有太多情緒，很平靜的，而且很君子的送我下山。車上有一搭沒一搭的，說些不著邊際的話，卻很自在。

下山的時候，經過橘子園，這是我第一次看到橘子樹，阿亨看我興奮的表情，竟停下車偷摘一顆橘子給我：「我鄉下來的，都是這樣子的。」說著馬上開車走人。

我不禁笑了出來，像個孩子般真心的笑，掌心捧著偷來的橘子，傳來刺激的熱度，原來這就是平凡的幸福。

柑橘吃進嘴裡酸，流進心裡異常的甜。

原來，這就是愛情的滋味？

以愛爲名的考驗

「之前說要結婚，你現在打算娶我嗎？不然我們就分手。」交往了幾個月後，我對他說了這句話。

阿享對我很好，身為大哥卻很溫柔、幽默，不只哄我開心，還對我家人很好，備感窩心。這份幸福感，有了跟這個人過一輩子好像也可以。

由於一直渴望安定，想要家的感覺，以為幸福就是把自己託付給另一人，讓我走上了紅地毯的另一端。

「來，新郎新娘敬茶——」眼前坐著爸爸、姑姑，唯獨沒有媽媽。

外頭娶親部隊的鞭炮聲響起，預告著一場盛大的婚禮，各路人馬齊聚，有著電影《古惑仔》的大排場，看得出阿享的人際關係。但我，真的準備好了嗎？

在震天的炮聲和祝賀聲中禮成，婚姻才真正開始，考驗著一輩子的誓言。

「稀尹，趕快幫我打包，我要先離開一陣子！」婚後不久，遇到一些事端，他得避風頭，我常常在三更半夜幫忙打包行李，然而在收拾的時候，常常感覺，為什麼我永遠是最後知道的那個人？

因為身為大哥，顧了義氣，顧不了家庭。

「嘔、嘔——」阿享，你要當爸爸了。兩人感染著懷孕的喜悅。短暫的歡愉之後，這件事卻加深我們的裂痕。

整整十個月害喜，吐到沒有力氣，孕期過程，阿享經常不在身邊，醫生建議打營養針安胎，只好自己前往。

「我朋友的老婆都沒有這種情形，妳的命比較嬌貴，對啊！人家老婆都可以……」

「朋友說自然產對孩子比較好！」醫生說小孩太大，我的體型沒有辦法自然生，建議剖腹，阿享又在旁邊嚷嚷。

當藍色憂鬱降臨，別慌別怕，找到可供傾訴的對象，相信正念，能帶你尋訪內在的平靜。

等到小孩足重可以生了，在醫生催生下，痛得幾乎失去理智，生產前我對他又講了一句：「真的好痛！」他居然回答：「就給妳打無痛了，妳還在痛？人家誰誰誰的老婆不用打無痛，都怎麼樣、怎麼樣——」我的心一下子冷了下來。

身心面臨著撕裂般的痛楚，似乎已經預言了結局。

負氣離婚，換來身心交瘁

「朋友的老婆都可以做得很好，為什麼妳連這個都做不好？」

因為沒有帶孩子的經驗，生產完的傷口又痛，剛出生的嬰兒軟軟小小的，我不敢幫她洗澡，很擔心害她受傷，於是阿享又罵我。但我真的不會，也沒人教我。

生了女兒，家庭中的爭吵跟著擴大。

「媽媽，妳先把家事放著，妹妹現在很黏我，還沒睡，我沒辦法做這些事情，等我把妹妹哄睡了，再下樓拖地、晾衣服，妳先趕快去睡覺，因為也很晚了！」

傳統客家婦女的婆婆，見她滿口答應了，等我把妹妹哄睡了，下樓看的時候，她已經把事情做完了。

「昨天晚上晾衣服，手在痛！」婆婆無心一句，可不得了。

「媳婦呢？」人家追問。

「她先帶妹妹去睡覺了……」諸如此類的事情，聽久了，先生就會不高興。

但我從來不跟婆婆計較，也不會回嘴，只想說算了，我乾脆出去工作，不要待在家，請媽媽幫忙帶小孩，不然長久下去，我一定會崩潰。

外出工作的想法，除了希望轉移注意力，加上當時哥哥又要用錢了，我不忍心看爸爸難過，於是拜託朋友介紹，參加人生第一次的應徵面試之後，進入工廠，後來因不適應，又重回酒店上班，擔任買單經理，但阿享覺得沒面子，時常使眼色。

日後，產生了許多摩擦，漸漸覺得比過去上班的日子還不快樂，每當回到七樓大廈的家，總有股衝動，想帶著女兒尋短。

一個人到兩個人，需要扶持才能成就；
兩個人回到一個人，需要勇氣才能堅強。

「我好像有了產後憂鬱，應該去看醫生比較好！」我曾經對阿享提過，而且有了離婚的念頭。

「怎麼會有這種事，只有妳會發生。」

「而且妳不要想離婚，離了婚，就別想看孩子！」

我開始疑惑，婚前的他體貼、充滿幽默感，不懂為什麼婚後變成這樣？

「媽媽，我不是一個很好的媳婦，可以做到如您所願，或許煮飯、家事，我都沒有辦法做得很好，但是我可以做到的事，都會盡力去做，什麼事情都會想到你們，一定是個孝順的媳婦……」我曾對婆婆說，但是，似乎沒有人認同這些話。

三番兩頭得言語爭執，消磨著彼此的耐心，很快地就探到了底。

直到有一天，想到阿享、女兒、爸爸、哥哥……，想起這一切的不順心，不知道活在世上還有什麼生存價值，就算離婚了，孩子也不能帶在身邊，不如算了，一死百了，於是吞下了四十幾顆的安眠藥，吃完沒多久，藥效發作了，覺得自己輕飄飄，拿起紙筆胡亂寫些東西，就昏睡過去。

「妳很會，妳吞藥！」阿享看我醒來，丟下這麼一句話。

當下我不發一語，躺在醫院的病床上，腹部充滿灼熱感，心口也是。從鬼門關前走了一遭回來，我恨我的無力和軟弱。

「請你放了我，不要耽誤我！」他沉默，也試圖挽回。

「妳到底要什麼，告訴我？」

「我不求富貴，只希望多一點的關心，我可以從燈紅酒綠的繁華生活，洗盡鉛華跟你回到苗栗大湖的山上，不過也就是想有個平凡的家庭，有個人可以聽我說說話而已，可是你卻做不到。」

唉，此刻心意已決，兩人之間已經不存在信任，走向分歧的道路。

放下包袱，不需自陷其心；
原諒彼此，不再畫地自限。

後來，阿享終於肯簽字離婚，但也從此剝奪了我看小孩的權利。

由相愛走到敵對，結束了這段三年的婚姻。

我開始努力籌錢，只為爭取兩個禮拜見女兒一面，同時聯絡律師，進行漫長而艱辛的撫養權爭訟。

「親愛的，現在結婚，妳會後悔的！」想起婚禮當時，一位知己親暱告訴我。

「為什麼？他對我不好嗎？」我笑問。

「不是，這個階段，妳還不夠成熟。」我搖頭，戲謔道：「是不是因為沒選擇你，所以會後悔……。」如今想起，啞然失笑。

既然選擇重新回到一個人，我告訴自己，要為自己堅強。

迷路小語

現在想想，夫妻關係是怎麼走到這一步的？不能單向責怪誰，事實上，雙方都有責任。在愛裡，沒有任何對錯，再美好的事物，終究需要面臨分離，只是時間長短的問題。

其實，交往過程中，前夫對我很好，後來的婚姻會走到瓶頸，我也要負責。可能是個性使然，可能年輕，不夠成熟，不太知道自己要什麼，對方要什麼，也不懂得溝通，當時只想要安定，卻不懂得如何愛。

分離是個禮物，唯有如此，才讓我懂得思考，如何讓自己的下一份感情更加圓滿順遂，理解雙方所求所想，而不忘記「愛」的初衷。

環境和教養的不同，造就了每個人價值觀各異。放下包袱，不需陷溺其心，婚姻可以走得更長；原諒彼此，不再畫地自限，關係可以拉得更近。因為這些過往，相信幸福不在他方。

2-4

凝視死亡，橫越地獄縱谷

迷宮拼圖第十站：**原諒**

在每個思想——每個記憶、每個闡釋、意見、觀點、反應和情緒裡，都有一個自我感（小我感）在其中。小我喜歡抱怨、感覺怨恨，把處境視為敵人。但是它每被辨認出來一次，就會被削弱一次。

——艾克哈特．托勒（Eckhart Tolle）

我習慣壓抑，把責任和過錯都往自己身上攬，結果讓自己腹背受敵、內外失序，情緒出問題，身體也發出嚴重抗議。

漸漸地，一切對立在此醞釀成形，無助、怨恨、憤懣、遷怒……，

到頭來，原來在地獄縱谷底攫住我緊緊不放的，竟然是我自己？

一條白吐司餬口，活著比死還艱難

心理生病的時候，其實只想躲起來。

在我的生活步步陷入絕境、逐漸崩解的時候，淋巴癌同時趁勢而來。

時間回到簽字離婚那一天，幾乎是身無分文的離開，摸摸口袋僅剩的四十塊，坐在苗栗的三角公園哭了一整天，面對未來一片茫然。

不輕易對人示弱的我，不願意對朋友開口，只簡單說：「我要上班！」後來北上，轉介進入林森北路的酒店工作，朋友代為租下一間旅社改建的簡陋套房，陰濕晦暗，為了賺取生活費，以及每兩個禮拜往返探視女兒的車錢，什麼苦都得吞。

起初一個禮拜，還未發薪水，礙於面子，只好兩套衣服反覆著穿，更跑到連鎖藥妝店使用開架的試用品替自己上妝，剩下的零錢只夠買一條白吐司餬口，配著白開水，忍著淚水吞下肚。

儘管勉強上班，還是敵不過龐大的負面情緒，只能依賴安眠藥配酒入睡，逃避

適時說出：「我需要幫助！」我們的身旁存在著許多生命導師，可以在體驗曲折的路上，給予依循的指標。

現實，漸漸地開始習慣借酒消愁，希望能麻痺自己，以為一覺醒來，所有難題都消失無蹤。

「如果女兒鬧自殺，我會有多難過？倘若我現在死了，遠方的爸爸怎麼辦？」一日到淡水散心，喝了點酒，昏昏沉沉坐在河堤邊，想著就此跳下去一了百了，可是突然間念頭一閃——千萬不可！原來，活著比死還要艱難。

情緒和酒精的自我荼毒，淋巴累積成癌

「如果我是客人，怎麼可能喜歡這麼一個酒鬼？」我恨前夫不讓我探視女兒，更違逆公公臨終前的囑託——端腳尾飯，硬是把我從大廳趕離，連一份媳婦的孝道都無法善盡……，我恨這種種一切淪落這般僵局，試著調侃自己，卻發現已深陷酒癮的荼毒。

這段期間常常腰痛，嚴重時甚至起不了身，以為是輕忽坐月子引發的後遺症，加上長期情緒不佳，對於身體狀況不以為意，只貼個酸痛貼布暫解疼痛。

「這不是我可以處理的，妳得盡快去大醫院！」一次搭電梯時照見鏡中的自己，脖子腫大起來，看了耳鼻喉科，醫生對我搖搖頭。此時，工作停擺，前往大醫院做更詳細的檢查。

醫生診斷過後，建議取出腫塊化驗就安排開刀，光是脖子就陸陸續續進出三次手術台，肚子也有挨上好幾刀。「或許上輩子是殺雞，這輩子脖子才要受難！」從一開始畏懼那彷如冰櫃般的手術室，到後來變得麻痺，其實只是對生命的漠然。

一開始生病，並不想讓任何親人知道，即便手術，甚至到了醫生宣判病情，我都不想有任何牽絆。因為陪同就診的三堂嫂，深覺事態嚴重，打電話告知生命中恆常缺席的母親，並陸續傳進親戚們的耳裡。

已經習慣一個人，因為生病換得的那些關懷，我覺得不齒。

生的時候不關心，現在要離開了，也不再必要。

何況，我不害怕死亡，反而要活著，就得忍受開刀、化療種種折磨，又何必？

當心裡只剩下恨，就看不見愛；自以為
憤恨可以減輕傷痛，卻忘了愛的能量，
是啓動縫補瘡疤的那條靈線。

「聽好——如果我死了，叔叔、伯父，還有親戚們，全部都不可以來參加我的喪禮，如果你讓他們來的話，我永遠都不會原諒你！」

「直接把我的骨灰全部撒向海裡，下輩子千萬讓我不要再遇到你。」

「過去的日子我也不在，現在消失了，也只是剛好而已。」

當下奪口而出的，一字字都是恨。

其實內心明白，爸爸是愛孩子的，只是他分不出正確的愛，孱弱的肩膀也撐不起，「因為哥哥不像妳這樣不會胡亂闖禍啊！」我不斷質問他的溺愛，在他破敗的回應下，造就出哥哥無止盡的求索，把家庭情份壓榨得一滴不剩。

但是那些惡毒的話，隨著滿溢的忿恨傾瀉而出，我無法控制，也絲毫沒注意到，面對這些，父親的身影越發萎靡。

母親只是哭，哭完了便到處打聽可以治療癌症的方法。聽到別人說吃菇類的營養食療餐可以抗癌，不管實際效果如何，依然堅持三餐烹調不一樣的菇類菜色，送到醫院，我卻一口都吃不下。

這是她想對我的彌補，雖然理解，卻還沒打算接受。

這場病痛，激起心中氾濫成災的恨意，加諸身體上如潮洶湧的痛楚，我像一名被架往審判刑場的死囚，面對過往一概否定，已然看不見誰的真心。

心不痛，身體就不痛！

「啊——啊——我不要了！嗚——」抽骨髓，這輩子難以忘懷的痛。

當醫生跟護理人員來到病房，拉起門簾，請媽媽離開在外等候，不准任何人在旁觀看，更加深我的恐懼，我竟然要一個人面對這麼可怕的事。

為了確知淋巴是否侵犯到骨髓，藉此判斷癌症期數，於是醫生要求進行抽骨髓檢驗。

過程中，護理人員刻意避開的針筒，還拿了一塊類似布條的東西要我咬著，緊握的手彷彿正要坐上失速列車。

心，才是自造的地獄。原諒並放下，一念之間皆菩提，轉眼即成寬闊的自由。

「喀喀喀」鐵製品互相碰撞的聲音響起，聽得出大型針筒的行進頻率，過程中不能打麻藥，只能表面麻醉，也不能睡著，必須拱著腰，讓醫生在背後抽取骨髓。針筒戳進去碰到骨頭的時候，還要轉移角度，清楚感受到有東西鑽進身體，「喀喀喀——」拒絕讓病人直觀，藉由憑空想像，滋長害怕。

下意識的痠疼、撕裂感，超過生產時的劇烈蠻鑽，骨頭碎裂與敲打的聲音聽得一清二楚，幾乎要瀕臨崩潰。

「老天爺，為什麼要這樣對待我？」這份痛處，讓我低泣，猶如困獸一樣想掙脫這般苦楚，護理人員不得不施加更大力氣，只為能順利完成骨髓抽取術。「啊——！嗚——」慘白的臉上滿是冷汗，陣陣淒厲的哀嚎聲，聽得人發麻，大概響徹七樓整層病房的裡裡外外。

母親抖著肩站在病房外，這麼近，因強烈感受著的痛楚而心疼哭著。「我很想進來陪妳，但是護理人員都說不行！」抽完骨髓後，幾乎暈厥癱軟，她連忙走進病房，攙扶著我，擦汗、也擦掉擔憂恐懼，「沒事了，沒事了吼！」在我耳畔輕輕說著。

然後在迷迷糊糊間，看到媽媽浮腫的雙眼，淚水已乾，但淚猶在。

突然發現，好像又變成一個嬰孩，窩在媽媽溫暖的懷抱裡。

心不痛，身體就不痛。

哭泣原來是會傳染的，這份滾燙的在乎，我實實在在感受到了。

開車總會遇見死路，一如頭腦中的「死結」擋去思路，此時，轉個方向就可以柳暗花明。

死神的宣判：「一點點」侵犯的癌末

「關於癌症，大致上分為四期，所有癌症只要好好配合醫生治療，增強自己的免疫力……」聆聽報告的時刻到了，醫師卻先繞開話題。

「可以講重點嗎？」這番話讓我覺得奇怪，我疑惑著。

「是這樣的，癌細胞只要有『一點點』轉移，『一點點』就稱之為『末期』，可是它只是『一點點』……」醫師對我們用心解釋著。

「所以呢？」希望趕快聽到結果，我又問。

「現在妳的狀況是它有『一點點』的轉移。」醫生又繞去外圈。

「所以就是末期，不是嗎？」我鎮定的看向他。

家人陪在我身邊，靜靜聽著醫生解釋，跟著問：「有什麼方法可以解決？要怎麼做？」

「妳覺得怎麼樣？」醫生建議化療，我沉默不動。

「我無話可說。」

「有要治療嗎？」醫生又問。

「沒有。」

「化療會好嗎？」家人希望我做化療，我再問醫生。

「其實末期就是這樣，妳的狀況就是轉移了『一點點』」，醫學上怎麼樣……，但是穩定治療，可以有奇蹟出現的！」他娓娓說著，就是不正面回答問題。

因為之前聽到他們私底下在講骨髓侵犯的程度，我心裡有數，他說的「一點點」其實就是「很多點」。

「你直接告訴我可以活多久？」我反問他。

「天呀！我要死在這邊嗎？」那種害怕是來自於過程的漫長痛苦，而非即刻壯烈的死去。

當病痛被辨認出來，因著正向的信念，與之共存，告訴自己：「我會好！」無形中也就削弱了它的進擊。

記起住院檢查期間，看著隔壁床病友做化療的狀況，特別是那些被醫生宣告末期，三更半夜反覆打藥、嘔吐，吃不下又全身虛弱，此時家人講什麼，我都聽不進去，只想順從自己的意願。

當時的我，處於一種生無可戀的狀態，若能就這麼生病過世了，或許也是不錯的選擇。

出奇冷靜的態度，鎮定到共同會診的耳鼻喉科醫師說：「妳不要亂想，要不要請妳家人來？」很是擔心我會想不開。

其實，我只是默默地看著它發生，不想再為此做任何補救。一如毀敗的親情。

從「落跑病人」到走完標靶療程

「不要逼她做化療，不要再談論她的病情，除非她自己願意談！」大堂哥Tino 出來喝止。

曾經在幼時對我說：「不用怕，我不會丟下妳」的大堂哥，他似乎完全明白並尊重我的意向，不怕這樣和其他人意見相左。

「我要把所有的錢花掉！一輩子沒有對自己好過，留下保險就好了！」

因為防癌保險理賠一筆金額，當家人都說著：「這錢要拿來定存，以後可以……」也只有 Tino 認同我的決定。

當下暗自決定，這輩子都沒有好好善待自己，賺的錢都不是花在自己身上，處處顧慮家庭開銷，這次就索性當了一名「落跑病人」，趁著護理人員不注意，鬼鬼祟祟從醫院逃跑了。

我真的把錢全「花掉」，到處玩，到處借人家錢，第一次打從心裡感到快樂，更帶著女兒和家人策畫一場五天四夜的家族日本行。

這次的「徹底花掉」，完全無後顧之憂，不用再為了花錢而有罪惡感，擔心未來怎麼辦。而且已經預留一筆保險金給爸爸養老，沒什麼好掛念……

我真的累了，多次尋短都死不了，生病反而如我所願，反而有種解脫的感覺。

脖子上的疤痕不是報應，
而是禮物！別用過去的經
歷責怪自己！

「錢花完了——」當我再次出現在他面前，說著。

「真是太好了，所以妳是活著的！」他開心回應。

其實，醫師的叮囑出於善意，請原諒我不是一名聽話的病人。我只是想趁著自己還有體力、還沒有變醜之前，不要因為治療而減緩陪伴女兒的成長腳步。

這段日子的煎熬，除了因為疾病所帶來的恐懼感，也怕看見梳頭掉髮日漸凋蔽的自己，更多的是失去兒女親緣的揪心之痛……

女兒雖然知道我生病，但她還太小，不懂什麼叫生病、什麼叫癌症，南北分隔日長，她覺得可以跟媽媽在一起就滿懷喜悅，想起每兩個禮拜就要上演和前夫爭取探視孩子的戲碼，只能用「團圓」來形容我們的短暫相聚。

人生的幸與不幸，很難一概而論。

花光保險費，出國散心回來，再次前往台安醫院檢驗，癌症指數竟然降下來，周志銘主治醫生和高雄的斷層掃描比對後，笑著對我說：「很好啊！可以控制啊，會好喔！妳要配合我的治療喔！會好啦，都沒有關係，會好。」

「可以控制？你說什麼？」

「只需要作標靶治療，搭配口服化療藥，就從明天開始吧！」

我當場臉都綠了，錢都花光了才跟我說會好？老天爺開的玩笑可真大。

「妳總覺得自己過去做了很多不好的事情，現在妳就做一件好事啊！而且再想想妳女兒還這麼小，爸爸也需要妳照顧。……」Tino的親情誘導，把我從等死的心情中喚醒。

於是，我回歸治療，走完八次標靶。

原來，許多病痛都因心而起。

心放鬆了，病自然慢慢遠離。

身體痊癒了再回頭看待這場癌病，心態轉換之後，會發現是份超然的啓示——自我原諒。

任何病苦死傷，都是一份人生禮物

那是一段奇妙的日子，看似乘載著嚴重的病痛，卻也聚集了許多關愛。

我在進行標靶的這段日子裡，媽媽想照顧我，偶爾會北上跟我同住，但我希望自己處理這一切，而且根據身體的狀況，標靶的療程越打越短，後來甚至一個半小時就結束。

經過椎心之痛後，我跟媽媽講話的態度比較柔和，不再針鋒相對，更不會句句帶刺，雖然感謝的話語還是講不出口，但她每次準備餐點帶來醫院給我的時候，即使我吃不下，我都還會說很好吃。

告別昨日的陰冷灰敗，從透光的窗戶感受到今日朝陽的初升，就是一份最大的禮物。

然後一晃眼六年，我沒有再復發，甚至腫瘤縮小、不見，真的像周醫師說的，就這樣好了。

其實生病的時候，我也好好思考過，為什麼我會得到這樣的病？也許是壓力、情緒、喝酒、飲食都是引發癌變的因素，然而命運終究待我不薄，即使起先沒有乖乖聽醫生的囑咐，做正規的治療，也沒有像一般人經歷過太多抗癌的痛苦，只是心理問題多於身體的問題，當心魔除之不去的時候，任何關愛在我眼中，竟都帶著惡意。

過程中，謝謝那些願意相信我知道什麼可以、什麼不可以，然後給予陪伴的人，才讓我有辦法讓一顆破碎的心，再度完整。

也許，就像癌細胞本來就存在於體內，它的變異，是為了讓我們重新好好審視自己的身心靈，提醒自己時時愛護並珍惜；所有的情感都是如此，也許唯有決然斷開親緣，告別過往的病苦死傷，才能再度締結美好的關係。

勇敢凝視死亡之後，不僅使自己遠離死神的追逼，更讓自己蛻變重生，走向天使之路。

迷路小語

我想，左右病情的，取決於自己的態度。

最早在高雄醫學院檢查出末期癌症的時候，醫生隔天就安排化療，根據醫學上的判斷所得出的評估，宣判眼前病人還剩下多少時間？這對許多聽判者來說，無形是場死亡預告。

其實事件本身是中立的，端看你如何看待。

當我凝視死亡，才發現再也沒有什麼可失去時，心中反而湧升出一片坦蕩寬闊。

現在起，可以不必再為別人而活，而單單為自己的喜怒哀樂而生。於是，捨下一切、不再害怕之後，才發現生命的禮物正等待著我去撿拾，重新整理、安置，不知不覺中橫越地獄縱谷，最後走回正軌。

2-5

謝謝妳，我最親愛的寶貝

迷宮拼圖第十一站：**親密**

星辰給人類帶來了慰藉。我們不僅要明瞭生命註定是孤單的，應該知道還有凝視群星的權利。——梭羅（Henry David Thoreau）心靈作家和哲學家

「孩子，你知道我很愛你嗎？」孩子彷如星辰，在人生這條依循羅盤和指針孤單航行的小舟，能在黑夜中帶來希望之光的，就是孩子，且讓我輕輕撫摸妳的前額，耳畔的清風也似撫慰了陷落的心。

「孩子，我愛你！」這份親密感的血緣相連，使得一個母親再次進化，感性柔軟卻無堅不摧，一如永不失效的自然法則。

前夫的一場大病

「阿享罹患了急性胰臟炎，引發全身性器官衰竭，準備拔管，已經發出病危通知……」

「怎麼會？」之前酒店的少爺阿弟來電，得知前夫生病的消息，當下感到震驚，陷入一陣昏眩。

前夫跟我離婚後，又有兩段婚姻關係。

「小媽咪來囉！」因為每隔一段時間持續南下見女兒，我和第二任太太成了好朋友，感受出她是真心接納我女兒，而她自己生的一位小朋友，看見我也都喊我小媽咪。

女人結婚生子，要的不過是一份安定感，只是前夫不太能體會，錯過了兩個對的人，我替他感到遺憾。

但不懂的是，夫妻感情一碼歸一碼，為什麼要把小孩當成報復的籌碼？就算離婚了，身為孩子的父母親，是不能改變的事實。

「妳要是膽敢來看小孩，妳就死定了！」面對夫家強硬不讓我進家門看小孩，依然毫無所懼。我可以在門外站崗，不要睡覺，直到婆婆受不了把女兒帶回家為止。

後來前夫態度終於軟化，願意讓我探視女兒，法官也諭知前夫，沒有權力剝奪探視女兒，儘管仍會限制幾點送女兒回來，每兩週一次翻山越嶺和女兒的親密互動，變成生活的動力與重心。

女兒的教養不能等，為了爭取扶養和探視權，我一共提告了兩次，爭訟過程中，為了蒐集證據，我還將第二任太太的談話偷偷錄音，藉由她的口述，說出他未善盡撫養之責。

由於官司訴訟仍在持續進行，準備召開第二次庭的時刻，傳來這個噩耗，瓦解了這股恨意。

愛不是獨佔，不是限制，也許對待愛的方式，就是讓它自由。

前夫的一場大病，讓我學會寬容。

因為生病，撫養女兒的重責大任扎扎實實落到了我的頭上，之前的刁難和阻擋，瞬間化為雲煙。

「妳不能帶她來病房！」

「病床上躺的是她爸爸，我是她媽媽，我作主。」

「如果今天不帶女兒探視重病的父親，將來她怨我沒讓她見爸爸最後一面，這個過錯誰擔得起？」第一次對夫家的人講出重話。

我明白，父愛和母愛的不同，缺一不可。

誰都不應剝奪孩子享有被父母疼愛的權利，即使父母離異，也不要讓孩子帶有遺憾。因此，我決定帶孩子前往探視，就算今天在她面前斷氣，她都得面對，這是她身為女兒該做的。

「請保佑他，我發願茹素一年！」想到眼前的前夫奄奄一息，心想還有什麼好爭的呢？爭到最後，還不是逃不過生老病死，我跪在佛祖面前，掉著淚。

所幸，也許是親情的呼喚，或是上天庇佑，一段時間之後，前夫身體慢慢有了好轉，大病一場，也讓他整個人脫胎換骨。

即使彼此之間已沒有男女情愛的成分，但夫妻一場，走過恩怨，情義猶在。

人的心裡都有著一格一格的盒子，收納那些破碎的、離別的、遺憾的、悲傷的情感，等到終有一天從心頭完全卸下，原被密藏在盒子裡的東西，也將不再椎心刺骨。

一如我與前夫之間，那些已經昇華的愛情。

身爲人母，才理解媽媽的愛

直到成為母親，我才明白，心繫孩子的掛念，是什麼滋味；因為身為人母，這才理解媽媽的愛，不管相隔多遠，永遠藏在心頭。

猶記得生完孩子那時，和前夫相處不太愉快，我想到的第一個人竟是她。我終於知道當媽媽是怎麼一回事，沒有人會不愛自己的小孩，過去，我極度不能體諒，甚至可以說充滿怨恨，可是女兒出生後，我開始理解大人有他們各自的苦衷跟問題，不是我可以參與的。

於是，我想要找尋媽媽的下落，卻不知道從何找起。

爸爸不知道，哥哥為了一己之私不願說。

坐月子期間，想媽媽的念頭越來越深，願意放下過往的怨恨，她就是生我、育我到國小的人，即使和爸爸離婚後，藉口爸爸不讓她見我，就真的再也不出現，也改變不了她是我媽媽的事實。

但是，我和媽媽沒有共同朋友，所有阿姨、舅舅、媽媽家的親戚，全都斷了聯繫，宛如海底撈針一般。後來，想起媽媽是虔誠的信徒，小時候常帶我去高雄元亨寺，曾說我和哥哥的名字都是寺內師父取的。有了線索，再度燃起一線希望。

「當年幫我們取名的師父叫什麼名字？要如何找到這個人？他還活著嗎？」我趕忙問長輩們。

輾轉詢問之下，終於找到這位師父，透過師父的協助，找到了媽媽。

久別重逢的她，就站在前頭，「媽媽」兩字我卻叫不出口。

「妳打電話給我的時候，我已經哭過一回了，謝謝妳願意見我……」她哭了好久好久，感覺得出她想抱我，我卻猶豫的往後退了一步。

「這是我女兒！」只能勉強對她說出這句話。

經過數年後的第一次見面，我是尷尬的，看著她替孫女準備的禮物、衣服，接著她帶我到她住的房間參觀。我在化妝台的一個盒子裡竟看到我的照片——幼稚園時期，剪著齊瀏海、呆呆的黑白大頭照。

人不會變，但可以「轉」。
親情永遠不會走遠，只要轉身，都還有機會補償。

還有國中時，在母親節摺了紙星星，寄到外公家希望媽媽能收到，但都沒有回應，原來她有看到，並留下這份心意。

「原來媽媽是惦記我的！」

那一刻，母女之間的親密感再度找回來。

於是，開始和媽媽有密切的電話聯絡，一點一滴找回失散已久的關愛。

後來，就是生病罹癌，她前來醫院照顧我。

這份血濃於水的情感，原來一直都存在，只是因為誤解而暫時分開。

「我有媽媽了耶！」「我有娘家可以依靠了！」在我失落時，終於有人可以哭喊、撒嬌、傾訴。母女之間的親密關係，原來就是這種感覺。

用盡一切努力，讓女兒感受母愛

「這幾個媳婦當中，只有稀尹不會頂嘴，凡事都想到我。」

過往為了看小孩一面，曾受到前夫和婆婆的百般刁難，直到前夫生病，女兒得以回到身邊，由我撫養照顧。反過來，我會經常帶孩子南下探視，讓女兒擁有完整的親情。

日久見人心，婆婆這幾年才終於明白我的孝順。

因為我知道，愛不能等，過程的努力是必要的，而且必需讓孩子知道妳的努力。

除了每兩週千辛萬苦到苗栗山區探望，儘管當時年紀尚小，不太會講話，我還是堅持要打電話，讓女兒知道：「媽媽不是不要妳，而是暫時無法和妳住在一起！」

小時候輾轉四處，每次爸媽偶然探望，轉頭又突然消失不見，那份被遺棄的陰影老揮之不去，時常在夢裡糾纏著我。

「媽咪，不要走……」我不想讓女兒再度承受這些，所以寧願在探視後讓奶奶

親子間的溝通不需帶有情緒，「理解」對方想法，成了最重要的關鍵。

抓住她，看著她大哭，然後在她面前不捨的離去。

這一切，讓女兒深刻記得，媽媽從來沒有缺席過。

如今，能夠與她一起成長，我感到無比幸福。和女兒相處的時候，我不吝惜分享自己的故事，不管是工作、人際，就像朋友一般，站在她的立場思考，現在的她不過是個十三歲的小女生，我必須站在她的年紀，理解她的行為。

「媽，我要轉學！」就讀私校的她，因為和男生手牽手被學校記過，本來女兒覺得被校規處分很沒面子，只想轉學，但我只說了一句：「恭喜妳碰到一個困難。」

我同意老師的處分方式，因為這就是團體生活的規範，被學校處罰只是一個過程；但是並沒有責怪，任何經歷都是學習。

因為自己也經歷過，更能感同身受。

謝謝妳寶貝，讓我們一起犯錯

「犯錯沒有不好，我可以陪妳一起，重點是從中學習正確的事情，而不是從正確的事情，去揣測犯錯的後果。」也許是自己走過許多岔路，我也鼓勵孩子，勇於犯錯，如果一輩子可以犯十次錯誤，多錯一點也就少一次錯，不是很好嗎？

重點從來就不是事情本身，而是如何看清本質，形塑自我的價值。

透過這樣反覆的思考對話，讓女兒能夠自我回想、反思，從而知道自己過錯在哪。

只是，雖然很用心教育女兒，仍難免有緊張的時刻。

青少年時期的孩子，同儕力量比家長還大，她常常說，那個某某某他家不是這樣。

「妳把他媽媽的電話給我。」我淡淡的說了一句。

「妳要幹嘛？」

錯誤其實是個很好的禮物，讓人從錯誤中學會承擔責任，避免再次犯過。

「我問她要不要養妳啊！她如果要養妳的話，妳趕快去他家住，偶爾想起我再跟我聯絡就好了。」

用淡定的態度處理爭執，她反而更可以冷靜下來面對問題，屢試不爽。若是連我的情緒也跟著起舞，反而會更嚴重。

但能夠如此「對話正確」，也是以過往的為基礎，我想對女兒說：「謝謝妳寶貝，讓我們一起犯錯、摸索，一起成長！」

所有嬰孩小時候都像小天使一般可愛，長大就可惡，總會忤逆、叛逆，一如我們走過的青春。因為是自己生的，驕縱的脾氣如出一轍。

「孩子驕縱的個性非常不可取，一定要磨掉！」同住一室的媽媽常對我耳提面命。只是人不會變，為什麼要改變她的個性？驕縱就驕縱，只要用在對的地方，不也可以是一個優點？

不過，由此可見上一代的教養，與我這一代，有著多麼巨大的鴻溝。

「我以後想要當偶像明星，目標是北京的戲劇學校！」女兒興奮說著。

「好哇！」我只回了一句。

「妳怎麼什麼都說好？可是我去北京念書，要花很多錢耶！」

「我說過要幫妳負擔了嗎？妳去，當然要自己打工啊，我只是不反對這件事而已。」

「那妳不擔心我嗎？」

「擔心啊！但如果妳去了受不了而回來，那就不會再做夢了，要是妳撐得過去，表示妳對夢想有所堅持。所以，與其擔心，不如讓妳早點體會艱辛。」

夢想為什麼不能分享呢？重點是承擔責任。

所以不管她想做什麼，我都會說：「好！」

「媽咪永遠是妳的靠山，也是妳的軍師。」我明白「理解」是親子關係這只風箏的聯繫，我們有可能被風越吹越遠，想要不斷裂，手中的繩線，就不可以抓得太緊。

理解孩子各種纖細的心思，
願意耐心傾聽，他會願意和
你分享。

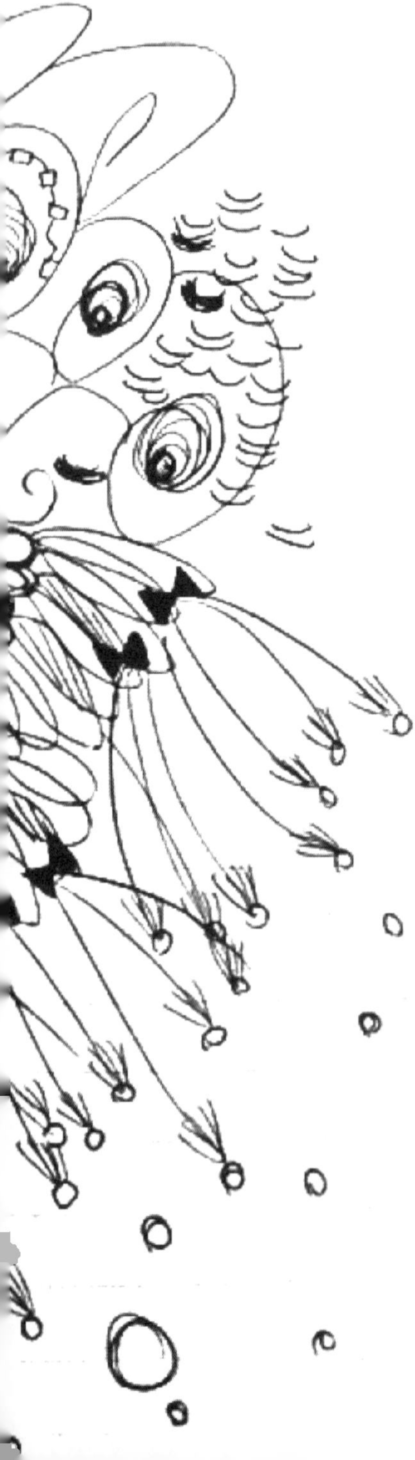

倘若我能給女兒一種「我理解妳，也願意接受妳」的安全感，她就會願意和我分享大小事，但是，這真的需要練習。

然而，比念書更重要的是品德的養成，什麼階段想念書都可以，品行才是影響未來人生成敗的重要關鍵。

孩子的人生是自己的，父母只能盡照顧和引導的責任，剩下的，他們得自己承擔，誰都無權干涉。

當我有一日看著妳的背影，儘管越走越遠了，當妳回頭，會知道我還在，而妳將成為我的驕傲。

迷路小語

孩子其實就是我們的鏡子，所有的思想、行為，都是反射。其實父母要做的工作，就是引導孩子成為「他想要成為的人」。孩子有自己的個性，若是無法理解，只想要他順從你的意志，只會讓彼此徒增怨恨。父母要修的功課，應該是如何陪伴度過這個叛逆期，而不是去教他「不要叛逆」。

孩子如果可以理解，就可以溝通。別因為一時的情緒，瓦解雙方的親密感，自我觀念的框架，反成了壓抑孩子思考和夢想的劊子手，屆時等他長大，這份遺憾將無人能解。

別忘了給孩子生來應有的呵護，也別遮蔽了孩子有所發揮的天空，只要確認飛翔時，你能給予安慰和打氣，帶給他重新翱翔的力量，那個背影，將有你的驕傲。

2-6

愛夠之前，還不想死

迷宮拼圖第十二站：**重生**

你走得越高就越孤單，你走得越低就越和別人在一起。——奧修（Osho）二十世紀靈性智慧大師

當逆境的洪潮來襲如何能擋？惡勢力、冰風暴不斷地進逼，死神在跟前徘徊不去且伺機而動，它將如何覆沒我尚存一息的意志？

如果我們無法學會從飽經風霜的面容，辨識出智者的輪廓，是否又會走上岔路？

生命的考驗從來不曾停歇，過了這關，還有下一關，重生之路，究竟還有多遠……

上天再度考驗，子宮頸病變

「蔡小姐，妳的檢查報告結果，顯示身體好像有點問題！」

也許是因為還不明白生命的接納本質，老天爺只好再給我做點功課。

第一次診斷出淋巴癌，從消極抗拒到接納治療，我看見自己，並且學會珍惜，進而懂得付出，學習無條件的給予。

過去，因為單方面認定，沒有任何利益交換下的互動，都是假的，因此與人際的來往，非得有利可圖才可以作朋友。

但是現在，生病轉念之後，散發出來的善意和磁場，讓很多朋友喜歡跟我相處，不把利益擺在前頭，只是單純的聊天和陪伴，就能感受到快樂。總想起當我躺在病床上，什麼都吃不下的時候，如今看到別人吃東西滿足的表情，即使是一頓飯，也覺得幸福。

癌症是一個源頭，開了一扇門，讓我領悟了一些事，彷彿踏上重生之路，進而啟發整個轉變。

身與心相視，心與靈相依，
並歸為一個最大的圓。

然而，我仍然害怕面對壞結果。

老天爺依然不願鬆懈，持續逼迫我面對生命的功課，直到我通過為止。

因此，在淋巴癌之後，我又併發子宮頸癌。

多希望這一切都是騙人的，儘管治療過程中的種種不舒服，藉由服用菇蕈多醣體有稍稍緩解，但仍然是個艱辛的歷程。

每吃完東西就想吐的狀態，這跟害喜程度不一樣，生病的副作用是無法進食又想吐，但是又吐不出東西，直到現在，我仍然很難相信，真的熬過這些身體上的苦痛。

曾經不止一次，哭著說不想活了，何必把生命過得這麼淒苦？

「不然這樣好了，既然活得那麼痛苦，不要活了。」Tino 靜靜的看著我。

「既然要死，就選一種比較舒服的方式死吧。」再度提議。

沒有鼓勵、沒有激情，只是真真切切地讓我看見，死亡真的是「選擇」，還是只是索取關心的手段？

然後我就再也接不上話，乖乖的配合治療。

醫院裡進進出出，不斷地檢查再檢查，確定子宮頸癌還只是剛病發的小圓點，手術去除之後就沒什麼大問題。但是手術台上的冰冷，仍令我感到害怕。

「如果我怎麼樣的話，就照這上面找這些人。」極度害怕開刀的我，擔心麻醉昏過去後，再也醒不過來。如果醒不來了，我一定要把握在麻醉前，趕快把事情跟醫生交代：如果等一下我麻醉後，沒有醒來的話，請怎麼樣、怎麼樣……，甚至準備一張小抄拿給醫生。

其實我一點也不想死，只是害怕，害怕還沒感受到真正的愛，還沒有付出完整的關懷，一生就這樣過去了。

「在我好好愛夠之前，我還不想死。」我默默祈求著。

「要睡了喔，三、二、一，慢慢闔眼，入睡。」麻醉師將我戴上面罩，我將踏上新的旅程。

這一次不同的是，我並不如預期般地沈睡，而是清清楚楚的看見自己，躺在冰冷的手術臺上，醫生護士帶著口罩圍繞在強光打下的白色軀體，說著聽不懂的術語，手術刀一刀將那個人劃開，我不敢看。

人生如夢，夢如人生，在現實中找到出口，
就能在夢裡得到圓滿。

於是，我離開那裡，穿越手術們，走下樓梯，看到朋友們坐在外頭等待，但他們看不見我。

我大概是死了吧，走得遠遠的也沒有關係。

與過去和解，尋回遺失的「九心」

死後的世界是什麼樣子？我急著想知道，往醫院門口走去，看見兩匹雪白的馬等著，我騎上去，輕輕環繞白馬的脖子，馬兒邁開步伐，輕快地跑了起來。

不知道會去哪裡，但很奇怪，我一點也不感到害怕，城市的景色變得模糊，回憶的入口變得清晰。

我想起父親頹廢懦弱、母親冷漠、八大行業的心酸、罹癌的絕望……，真的像跑馬燈一樣一一閃過，而我像個看電影的人，從當局抽離，看著這一切上演。靈魂出竅的我，似乎成了局外人，一瞬間這些情感牽扯、傷害與被傷害都可以理解了，我們都只是平凡人，都有無法控制而傷害人的時候，也有無法面對自己脆弱的時候吧！

都說人生如浮雲過，轉頭是場空，我望著天空，眼前的雲海突然湧動起來，而且自動地排列出字的形狀：

生命長短莫擔心，
面對接受感恩心，
造福人群莫待心，
天將賜福圓滿心，
感情受傷放寬心，
真假亂象擾人心，
所有考驗菩提心，
生命終結無掛心，
一切自然歡喜心。

一字字閃現後，又再度消失無蹤的箴言，彷彿要告訴我，重點不在於傷痛，而是如何擁抱傷痛，尋回失落的心。

幽森孤寂，是自造的心境：
跳脫孤寂心界，從打破自囚
的格局做起。

隨後，我躍上馬背一直往前跑，來到一片草原，草原上豎起一道拱門，馬兒停住讓我下來，我推開門走進，隱身在一道光亮裡……

慢慢睜開眼，彷彿歷經一個世紀那麼長的時間，我看見護士在恢復室的床邊，看著我。

「稀尹，妳醒來了，感覺怎麼樣？」

回到過去，和解與重生之路

從那時候開始，我經常做夢。

或者精確一點說，我經常醒來後，還記得那些夢，以及夢境想要告訴我的事。

我夢見自己在拍賣不同時期穿過的衣服，每件衣服背後寫著當下所經歷的故事，有很多人都想買，彷彿是一種轉換，告訴藉由衣物放下這些執念，學會「接受與面對」，用過往的歷程幫助那些與故事產生共鳴的人們，要我用文字書寫的方式，寫下衣服和執念的歷程，引導人們走出眼前的迷障。

又或是夢裡經常出現的威嚴黑虎，帶來了安心守護的象徵，彷彿我內在也有股神秘力量，幫助我披荊斬棘，度過重重險路。

更多的時候，藉由夢境，與過去和解。

一度極為抗拒重返當下，但是夢境一次次預示著我，好像我不做點什麼改變的話，永遠只能這樣輪迴。

我還曾夢見自己重回酒店上班，只為了幫助一同在酒店工作的朋友走出困境，一起思考如果不做酒店工作，我們可以做些什麼？提醒著我：千萬不要輕易貶低自己的價值。

因為入夢，讓我得以用局外人的角度看待整個事件，也讓我可以藉此鼓勵那些正被困住的朋友，認清自身價值，工作的本質，並非全為了錢，也無關於行業別。

如果覺得自己迷了路，也要記得這只是一個過程，並不是過錯，重點是如何重新找到方向。

神秘難測的夢境，反映著冰山一角下的主體，暗藏許多心靈密碼，等待作夢人自行解謎，帶領自己找到重生之路。

打開時間的入口，我看到自殺過世的好朋友，在夢中我一直找她講話，要她千萬別想不開，她淡定對我說：「該是結果就是結果，我們下輩子都不要再那麼辛苦了。」

是啊，該走就好好走吧，下輩子我們都別再受苦。

後來才知道，回到過去有其意義，不管是投射現實生活的景況，還是一路遭遇過的事情，如果在夢裡，我可以協助這些痛苦的靈魂擺脫枷鎖，讓生命超脫輪迴，放下執障，讓自己「釋懷」，誠實的面對現在，也藉此療癒了我。

如今，我終於明白，這是自我對話的過程，如果拿掉了生命中的這些曲折，就不可能有現在的我。

此刻，告訴自己：不要再胡思亂想了！讓念頭就此歇息止戰，臣服於天地萬物，接受眼前的一切，讓風帶走「我」，回到所在的瞬間，領略活在當下的力量。

迷路小語

順從夢境的帶領之下，讓我學會客觀看待生命。

很多在當下過不去的情緒，過了時間點，抽離出來，把那些話語、記憶抓在眼前審視，就會發現，並沒有什麼過不去的地方。

最過不去的，其實是自己的心。

每段經歷的總和，不一定都得是加法或乘法才是圓滿，有時減法和除法，可以幫助移除生命的路障，帶來更為寬闊的眼界。

如果每次入夢，再次轉醒回到現實人生，都可視為一次「重生」，如此一來，便會意識到——當下才是值得好好把握的時刻。

當我們可以卸下一切，願意坦然面對情緒與真相，那就可以邁開大步，與悲傷告別，愛夠之前，讓我們勇敢往下一階段邁進吧！

輯三

翻轉地圖，讓愛延續

你也許走遍地球，最終還是要回到自己。認識自己沒有終點——你不會得到一個成果，不會得出一個結論。那是一條無盡的長河。隨著探究它，探究得越來越深，就會找到平靜。

——**克里希那穆提**（Jiddu Krishnamurti）

印度哲學家、二十世紀最偉大的靈性導師

迷路回家

生命為我拐了許多彎

耳邊傳來輕快旋律，妳試圖尋訪讓人心情愉悅的源頭，依聲前往，只見滿坑滿谷和臭氣沖天的垃圾，眼前斗大立牌寫著：「垃圾天堂」！

隨口唸出這四個字，彷彿啓動魔法開關，不知怎麼就跌進快速疾馳的推車，開離一陣，再被狠狠地彈出，倒臥在髒臭的垃圾堆裡。

「難道我也是垃圾的一部份？」

「走開，不要碰我──」那些湧動的寶特瓶向妳擠壓而來，毫不留情地砸向額頭，隨著身旁不斷炸開的爆米花，逼得妳發出歇斯底里的咆哮，「啊──」，時空彷彿暫止，隨後再度聽見那首輕柔樂音，突然間，感受到內心的寧靜。

凌亂不堪的垃圾場，竟是一處修練身心的道場。夢中的妳，悟出了這層道理。

於是，在那座廢棄的沙發上，妳決定「丟棄」，丟掉埋怨、丟棄怨恨、丟去執念、丟下包袱……原來，所有垃圾都是人心所造，這裡指的天堂，是帶人們認清真實面目的地方。

「生命必然有它存在的理由，既然活著，總要留下一點什麼？」面對痛楚，可以逃避、否認，無視無止盡的流血潰爛；也可以好好的抱著它們、接受、宣洩，最後癒合。

現在，只有妳一個人，但妳已不再感到害怕。

3-1

接受不完美，開啓勇氣的力量

迷宮拼圖第十三站：**勇氣**

不去傷害，也不被傷害，這就是心靈的純真。——克里希那穆提（JidduKrishnamurti）

一個人的出身重要嗎？常常讓過去的經歷，綁縛了自己的腳，而無法邁開步伐，勇敢前進？不敢承認自己的不完美，導致蒙著頭、閉著眼，在人生舞台上撞得鼻青臉腫……

不要害怕出生低微，沒有顯赫的背景加冕，就用最真實的樣貌，演出自己充滿勇氣的人生劇本。

打開心結，擁抱受傷的自己

當生命突然變得具體，可以藉此看清些什麼？

自小缺乏家庭溫暖和酒店上班等經歷，使我曾對人性極度不信任。只是，在我生病躺上手術檯的一刻，面臨瀕死狀態，從小到大發生的一切，一幕幕像幻燈片在腦中快速一閃而過，教我學習接受過去，進而放下，重生。

「種什麼因，得什麼果。」矛盾、心結，其實都源自於好面子。

承認自己的軟弱，需要勇氣，我現在才懂。

讓我放下這一切，和親戚、和自己和解的人，是大堂哥Tino。

曾經，我跟四叔叔有很大的心結，老覺得他偏袒自家人，認定我就是個沒水準的上班小姐，不適合往來，如此貶抑的心態，擴及到姑姑們、阿伯、叔叔，為此無法諒解。直到Tino對我說：「該放下了，去看看放下之後，妳會得到什麼？」

一句話，讓我看清自己的心。

丟掉各種貪婪、虛榮和偏見，回到生命的最初，就能找回心靈的勇氣。

如果，可以和前夫、婆婆做到「以德報怨」，為什麼對自家人做不到呢？

只是，習慣獨來獨往，凡事自己來，已不善於握住旁人伸出來的手。直到後來，才發現不是他們放任我孤單一人，而是我塑造了孤獨形象，無形中表現出不要接受幫助。

「四叔叔，我們抱一下好不好？」於是，十年來，我第一次開口，希望來個擁抱。

感受著家人的溫度，眼前一陣模糊，心卻如許清澈。我抱的不只是家人，還是過去受傷的自己，每當覺得撐不下去的時候，我就想起這份溫度，湧起力量。

過去的我，不願意示弱，就算窮困潦倒，一條白吐司配開水過一個星期，都不肯求救，這麼做不是證明自己多有骨氣，而是傷害自己也傷害別人，如果我選擇求助，愛我的人會因信任而感到欣慰。

放下驕傲，需要勇氣，我現在才懂。

人跟人之間本就該互相照顧，藉此創造被需要的價值，不是嗎？不然就會一直原地打轉。

老天爺是公平的，每一個人都會有打結的時候，重點是該如何拆解？大力拉扯，一不小心就成了死結；反之，抓對角度，耐心、細心地慢慢拆解，自然會鬆開。

到底什麼是愛自己？我一直在思考。後來漸漸明白：愛自己，就是接受不完美。

突破關卡，反身前進

「我不知道如何推銷產品！」擔任業務助理時，Tino 要我跨出第一步，我仍充滿許多不安和害怕，覺得自己根本辦不到。

「妳要自己找方法，再來跟我討論是不是行得通。」他總是這麼說。

長久以來，習慣等待別人告知答案，自己再被動的聽從、付諸行動，方便又不用負責任。但是真正的成長，是自己找出解決之道，而不是被動的等待解答。

「妳要讓我看見想改變的決心！」無論再痛，我得靠自己重生。

想了三天，毅然決然把手機換掉，沒有告知任何人，當時 FB、Line 也不像現在如此普遍，於是度過了一段沒有任何朋友的漫長日子，重新開拓生活圈，擺脫過去不好的羈絆，以嶄新的姿態活著。

脖子上的疤痕，時時提醒我，現在的一切多麼不易。

曾經以為那是報應，因過去從事八大行業的緣故，所以現在要接受這些懲罰，其實不是的，老天爺不會懲罰誰，只會讓人認清，前方有哪些關卡要過。

「酒店是妳陪笑，客人買快樂，妳錯在哪？」Tino 曾說：「不偷不搶的，陪笑也是很累人！」這不是合理化所有行為，而是換位思考。

客人去酒店的目的很清楚，就是解悶，花錢買快樂。除非心存欺騙，破壞別人家庭，用不正當手段獲得大筆金錢，否則何錯之有？

我很幸運，因為這些話，讓我坦然面對自己的過去，突破關卡，從悲傷中跳脫出來。

「再困難的事情都不會過不了，所有一切終將否極泰來！」想起離婚後剛北上，經濟與精神狀況都不好，於是在頸部後方刺了一個翅膀圖騰，提醒自己轉頭就能看見「希望」。

這枚脖子上的刺青，一如隱形的翅膀，賦予我有形的力量。

找到反身前進的力量，逆襲困厄，讓星辰隨之同行，照亮自己，照亮別人。

迷路小語

很多人不像我一般幸運。尤其是以前同為八大行業的同事，找不到自身的價值、自我貶抑，不知道還可以幹嘛的人比比皆是。

正因為沒有一家公司行號能夠接受，有人的工作經歷上寫著：「酒店小姐」，如同更生人一樣，是一輩子的標籤。

但是，人生很難說，困境，仍可以用努力消解，若是願意的話，生命自會找到出路。

如同計算機運作的原理一樣，人也是在「亂中找序」，差別在於計算機需要被輸入指令，人可以自己執行指令。不管是自我砥礪，還是得借助他人鞭策，最終都是為了打開心結，順利來回視窗，修補過失，找回勇氣的力量。

3-2

際遇是上天給的禮物

迷宮拼圖第十四站：**正義**

星辰給人類帶來了慰藉。我們不僅要明瞭生命註定是孤單的，應該知道還有凝視群星的權利。——梭羅（Henry David Thoreau）心靈作家和哲學家

「孩子，你知道我很愛你嗎？」孩子彷如星辰，在人生這條依循羅盤和指針孤單航行的小舟，能在黑夜中帶來希望之光的，就是孩子，且讓我輕輕撫摸妳的前額，耳畔的清風也似撫慰了陷落的心。

「孩子，我愛你！」這份親密感的血緣相連，使得一個母親再次進化，感性柔軟卻無堅不摧，一如永不失效的自然法則。

帶著全新的自己，和過去合而為一

每一段際遇都是老天爺給的禮物，而人生就是在學習拆禮物！

「一切都是最美的安排！」這是從大堂哥 Tino 和他生意夥伴 Kevin 身上，學到最重要的一句話。

回想起那時併發子宮頸癌，心裡已做最壞的打算，對著醫生說：「我寧願死，也不要拿掉子宮！」幸好報告結果只是原位癌，只需局部切除，這才放下心頭大石。四年後的數據追蹤，顯示術後一切正常，為了迎接新生，改成如今這個姓名——稀尹，取「吸引」諧音之意，作為全新的開始。

因此，依循宇宙力量的夢境引導，啟動重返各個「迷路旅程」，帶著「稀尹」回溯過往的種種遭遇，完成生命課題，和過去的自己合而為一，走向未來。

而 Tino 和 Kevin，就像迷途中給予引領的生命導師，讓我看見事情的真相，了解自己的內心，成功蛻變。

「不要緊張，癌症就是這樣而已。」「好，我去跟大家講。」「不要逼她做化療，不要再談論她的病情，除非她自己願意！」Tino總是在給我極大空間，然後就是全然的祝福。

因為他深信，身而為人，就有負面情緒，壓抑反而助長痛苦的氣焰。

「她是蔡稀尹，是我妹妹！」

他帶著我走訪各大社團認識朋友，對於曾在酒店上班深感自卑，怎敢在那些人群中穿梭？但他卻當著所有人面前，這麼介紹我，教我敞開心房，勇敢面對過去。

因此，現在為止，身邊朋友都知道我的經歷，因為我的坦率，贏得寬容和尊重。

老天爺送的禮物

傲慢與恐懼是相互矛盾的特質，卻同時存在人的體內。

出自恐懼的傲慢，其實藏著一顆極其脆弱的玻璃心。因為缺少自信，所以愛面子，拚命找尋自己的價值，急需別人肯定，卻忘了最重要的一點，唯有先肯定自己，別人才會肯定妳，這是花了很久時間，我才學到的重要一課。

現實生活中，總會遇到有人故意挑釁。

有次朋友邀我一起吃飯，順便認識新朋友，聚會現場有男有女，席間聊到一半，話題不知為何聊到從事八大行業的女性：「她們很爛，只要腳開開就有錢賺！」其中有個女生這麼說，一聽心裡就不舒服，忍不住回道：「各行各業都有辛苦的地方，沒有誰比較高尚。」

「我以前就是酒店小姐！」談到後來，索性丟出這麼一句，大家都接不上話，受不了的我只能先行離開。

走出店外，陽光很大，但一點都不溫暖。

過往心酸再度襲上心頭，雖然不斷告訴自己，每種行業都一樣，我並沒有比較低下，也不應該為此感到自卑，但還是無法控制悲傷情緒，好像過去的某些瘡疤，又被戳痛。

沉澱之後，突然感到無比後悔，搞砸了朋友的一番美意，於是帶著自責的心向Tino 懺悔：「大哥，覺得最近老是得罪人。」「很好，要變成公眾人物之前，總會遇到這樣的挑戰，妳表現得很棒！」

「稀尹妳進步了耶，太棒了，妳在做自己，生氣是好事，難過也是，不用太虛偽，如果忍住自己的情緒，就不知道自己是誰了，真心表示歉意，對方會諒解的，不用因為那些哲學理論而壓抑自己。」Kevin 也點點頭。

突然一切豁然開朗。

善待自己的負能量，靜心沉澱，
翻轉意念就能改變磁場。

很多人覺得不能在公共場合生氣，要懂得控制自己的情緒，才是成熟的表現。

但是 Kevin 總說：「本來生氣十分鐘，說了十分難聽的話，以後再遇到這種事情，就可以減為八分鐘，其他兩分不是刻意壓抑，而是懂得昇華脾氣；再下一次，就變六分、四分，逐次遞減。」

因此，慢慢懂得冷靜思考。

當思緒漸漸變得平和，心靈也跟著澄明。

誤當車手，但選擇守護最後的正義

「就只是幫忙收錢，然後就會有人跟妳接頭拿錢！」

記得淋巴癌完成治療後，內心曾質疑這樣的治療是否真能痊癒，心想既然都快死了，不如賺點錢，讓爸媽和女兒將來生活有個保障。於是，在網路聯繫上一個人，恍惚中竟成了詐騙集團的「車手」。

雖然明白遲早會出事，卻依然持續進行著魔鬼的勾當，不時提醒媽媽記得積蓄放在哪個戶頭，而她沒察覺我的詭異行蹤。一段時間，如願賺了一筆錢，想說也該收手了，禁不起朋友的拜託，就索性做最後一次吧。一到指定地點，就被帶上手銬，抓進中山分局。

「集團在哪裡？」警察開始訊問。

「我不知道，我真的不知道。」

「妳看起來條件似乎不錯，為什麼要做這種事？」警察又問。

「我生病了，得了癌症，所以想要先賺一點錢。」

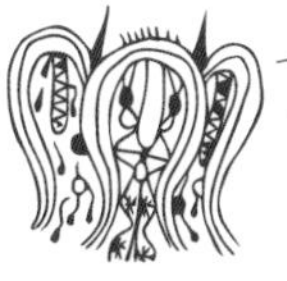

感謝，帶我還原疾病的真相，
走向和解與原諒。

「這種謊話妳都講得出來」刑警又說。

「我沒有說謊。」我連忙辯白。

警察不讓我打電話，不讓我求救，拖著我逼共犯出面，可是我真的什麼都不知道。

「妳們這種人沒有資格跟我講太多，妳會做這種事，看來以前也是在酒店上班的人！」起訴的檢察官說了很多難聽的話，凸顯他高高在上的姿態。

「我告訴妳喔，妳生病，他不能羈押妳！」偵查庭結束後，依舊被扣留，這時遇到一名女性菸毒犯，和她講了一下我的情況，她聽完馬上告訴這個消息，我才恍然大悟，但已經被羈押一晚了。

本來意志消極的我，覺得怎麼樣都無所謂，看了這位女菸毒犯突然湧起深深的愧疚感，我對不起Tino，還有在家等著我的女兒，心想不能這樣下去，一定要想辦法。

於是提起勇氣，打電話給之前委託打女兒官司的律師求救，上了法庭之後，法官本來不相信生病的事，獲悉病例證明後終於交保。「錢有那麼重要嗎？但值不值得讓我冒險去做這些事情呢？」重獲自由之後，我一直在想一件事情。

就道德觀來看，成為詐騙集團的共犯，無疑讓自己和家人蒙羞，怎麼會一時糊塗到犯下這種過失？

隔日，Tino 一句話都沒講，似乎等著我先開口。

後來提起勇氣認錯，他沒有半句責備，但越是這樣，我越是心虛、難過、愧疚。

因此，決定當庭認錯，負起責任。

「有要替自己辯解的嗎？」開庭時間到了，女法官問我。

「沒有，對不起，我錯了，我用了很不正當的手法要這個錢，我願意負責！」

當時不知哪來的勇氣，律師在台下驚訝的聽著我的回應。

「我生病了，因為很害怕，所以選了不正當的手段得到想要的東西，現在事情發生了，對被害人很不好意思，我願意負全責，也願意把錢分期還給他。」

「你就是貪心，才會落入了詐騙的陷阱！」後來法官竟轉向被害人，對他說。

最終判決出爐，緩刑三年不起訴，對方也同意和解。

當下的我，認真感到做了一件無比丟臉的事，沉思之後，決定既然做錯事，就勇敢認錯。對於人生中暫時的迷航，並不敢奢求原諒，但為了自己、為了愛我的家人，我守住了最後的正義。

丟掉遮掩心目的束縛，從謊言中解脫，
勇敢坦承失誤，向正義的一方靠攏。

迷路小語

人無法完全控制情緒，卻可以從每次的情緒災難中抽絲剝繭，練習抽離，找回平靜。

同樣地，傲慢與恐懼也恆常在心頭，我們無需刻意假裝堅強，卻能因為承認脆弱，而獲得相對的包容。

以前的我，被戳到一點傷痛，就容易暴怒，彷彿刺蝟一般豎起尖刺，用挑釁掩蓋自卑：「有意見就找我啊！」希望別人因此懼怕而生敬畏之情。其實，要贏得別人看重之前，要先懂得尊重自己。而尊重的起點，正是相互理解。

「沒有反省的人生，不值得活。」錯誤沒有藉口，貪心無法辯解，因一時迷惑而走上岔路，也唯有自己能懸崖勒馬、及時調頭，並對一切過失進行反省，勇敢負責，實踐偉大的正義。

現在的我，點燃心中的火炬，練習看清路標，進而找到幸福的入口。

3-3

撿拾落果，走上創業路

迷宮拼圖第十五站：**夢想**

超越了心智創造的對立面之後，你就會成為一座深不可測的湖。

——艾克哈特．托勒（Eckhart Tolle）當代心靈導師

懵懵懂懂的前進，有時難免誤踏沼澤，陷落泥濘，進退不得。於是放棄掙扎，不再著急，在南十字星的光線照引下，享受這片如畫的星夜。天亮之前，要先渡過重重黑暗。

走過顛頗，找回寧靜的身心靈，期盼這座湖泊，提供生命茁長的養份，孕育出美好的夢想！

反轉恨意，擁抱世界的愛

人生就像彈簧床，往下墜的力度越大，反彈起來就越高。如果我今天能在別人面前，展現出充滿能量的樣子，大概都源自於過往對生命的恨意。

當知道罹患淋巴癌末期的時候，我恨死全天下的人，連自己都對這種深沈的怨感到害怕，表面上呈現出可怕的鎮定。

當時覺得上天不公平，父母從小棄我於不顧，偏袒哥哥，將所有經濟壓力壓在我肩頭，加上後來深陷婚姻失敗，和前夫拉扯女兒監護權的官司中，還得忍受嘲諷謾罵、舟車勞頓才能見上女兒一面。生病一定拜他們所害，如此深切相信著。

因為身心煎熬，借酒澆愁成了唯一救贖。從此，少有清醒時刻。

只有出發探望女兒，心中才再度有了溫度，即使身上一無所有，只要女兒想要的東西，都能奮不顧身地給予。

只是，再多的愛，也無法抹去荒唐對身體造成的傷害。

如今回頭看，只能感謝家人不畏我的恨意，不離不棄；也感謝上天示現，帶我看見別人的痛苦與無常，才得以放下怨恨。

在我齜牙咧嘴的時候，是Tino不放棄，持續與我對話、引導，我才願意接受治療，讓身體好轉；在我用憎恨築起一道高牆，將心團團圍住，冷酷地捍衛身為母親權利的時候，前夫病倒，女兒如願回到身邊，同時領悟出——人生無常，有什麼好放不下？

我的心因而漸漸柔軟，願意反轉恨意，重新擁抱世界的愛，活出另一種可能。

人生的苦難不是誰給的，它說來就來，唯有面對、接受、放下，才能順利安渡波瀾。

勇往直進的創業路

前夫病重，女兒必須歸我撫養，本該是件值得開心的事，我卻憂慮起來。

「大哥，我女兒要回來了，可以借我三萬塊嗎？」從來沒跟別人借錢過，這是第一次。

那時已經身無分文，該花的、該還的，把錢燒得精光，雖然女兒能在身邊是件好事，可是租屋、學費、三餐照料樣樣都要錢，沒錢如何生活？苦思不得其解，只好向 Tino 開口。

「妳去把這一些變錢回來！」我聽到回答，愣了一下。

「如果我現在借妳，下一次呢？其實最好的方式，就是教會妳怎麼賺錢，先做給我看，該借給妳的時候，我會借給妳。」他靜靜地看著我，拿出六瓶菇蕈多醣體放在我面前。

「大哥，現在真的有困難，也是第一次開口，為什麼要為難我？」況且我根本不懂得怎麼賣東西。

「妳自己回去想想看怎麼做，再來跟我說。」但是，Tino 永遠丟下這句話。既生氣又沮喪的我，心想說好會幫忙，真的遇到困難，卻又斷然拒絕？帶著六瓶產品離開辦公室，一開始真不知該怎麼辦。

望著這個東西，再怎麼不悅，面對這最後機會，硬著頭皮也得勇往直進。面對人群，剛開始當然講不出所以然，只知道對身體健康有幫助，但是這到底是什麼東西，我不曉得。這種情況下，四處碰壁是必然結果。

然而，為了孩子，我不能放棄。

「行銷產品就是行銷自己，讓別人認同產品之前，要先想辦法讓人認同妳。」我牢牢的記住了 Tino 這句話，即使不斷地撞牆、不斷地被打槍，我仍得堅持，相信天公疼憨人。

終於，因緣際會下認識一位朋友，聽見他母親身體狀況不佳，出自好意分享目前的產品，並無任何期待之情，基於信任，對方聽完後竟願意帶回家試試看，而後也真的有所改善！

心靈上的富足，即使身無分文，也有能力給予他人幫助，創造喜樂。

藉由人與人的善意互動，成功完成第一筆訂單，體認到，原來我也有幫助人的力量。

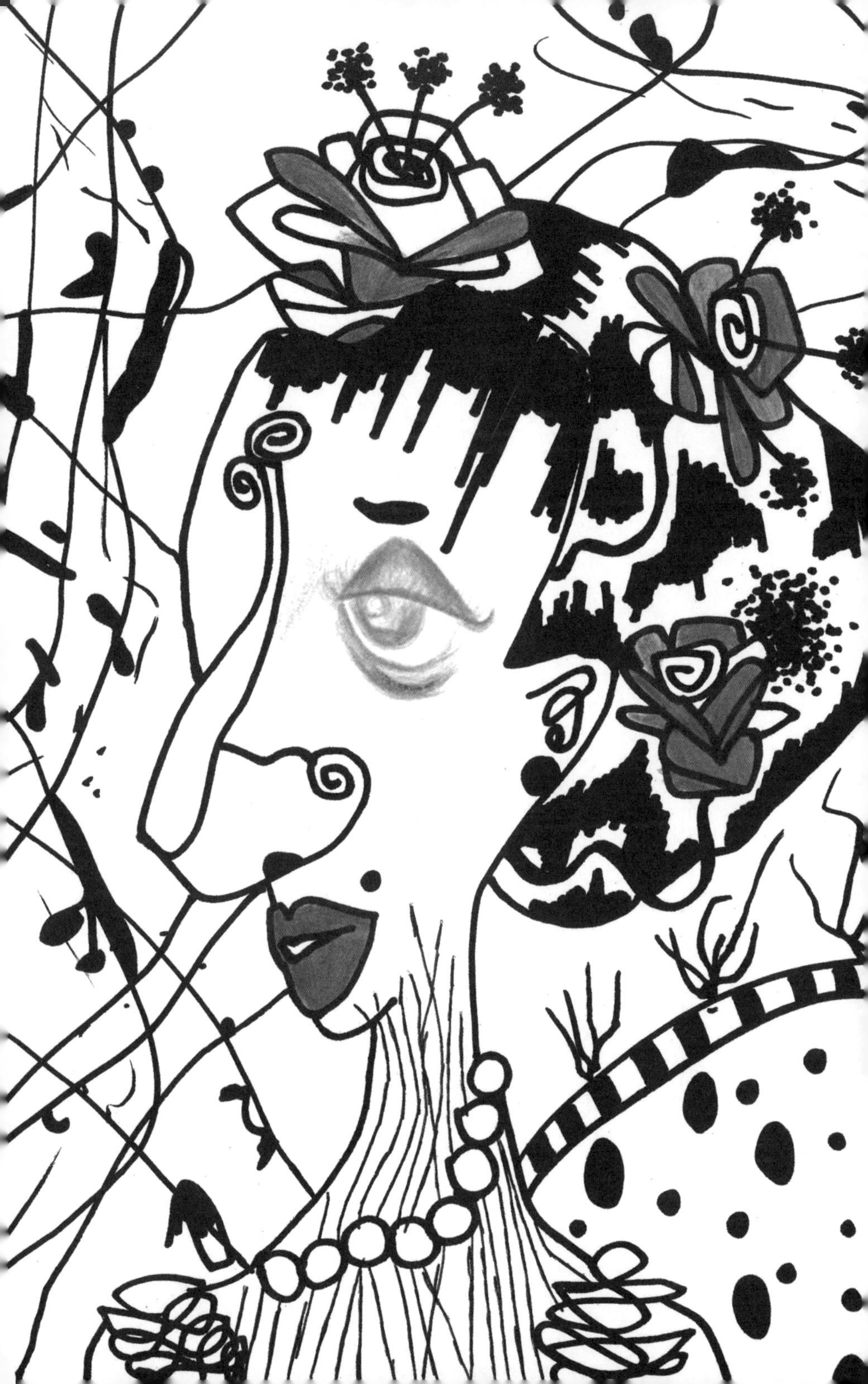

油甘果人生，酸澀而後的回甘

天啊，一個連高中都沒畢業的女子，竟然可以創立一間公司？除了不可思議，我也充滿擔慮。

但Tino和Kevin的全力支持下，從婉拒借錢到教我釣魚，於是「妍晌」成立了，我成了生技公司負責人。

但是新公司開張，總有排山倒海的大小事情亟待處理。加上剛開始跑業務，急於把產品介紹給客戶，一股腦兒地說著公司主力產品油甘果有多好，卻忘記傾聽客戶真正的心聲，少了同理和溫度。

沒有溫度的「推銷」，是不會有人信任而埋單的，所以，得先學習做個有溫度的人。

轉念之後，漸漸有人因為信任，願意嘗試，再透過口碑漸漸蔓延開來，公司才漸趨穩定。

另一方面，身為負責人兼業務，一手包辦公司大小事，有時不知道從何入手，更擔心做得不好，感到心有餘而力不足。

中間一度找不到油甘果的原料場地，後來好不容易有認識的果農願意投資。因為理念不合，合作上仍產生許多摩擦，諸如果園自行烘焙茶葉販賣，還不斷漲價，使公司營收難以平衡，後來為了顧及整體發展，決定把股份退還果園，重新來過。

連原料都顧不好，還創什麼業？深深的挫敗感，使我自責不已。

「如果這一盤賭輸了，下一盤再來，再試一次，沒有什麼大不了！」

「只要事情是正確的，就夠了。」

Kevin對我說，遇事若只知逃避，不願承認錯誤，將永遠無法得到他人的信任。

真心正念，是他一貫的處世哲學。

挺住生命的挫敗，嚐盡酸澀之後，
那麼離回甘也將不遠了。

「合作破局，是老天幫忙汰選對象。」Tino 則用他的方式，告訴我：「幫助自己成功之前，要先思考可以帶給別人什麼！」

若非他們的鼓勵和信任，願意給予機會，讓我嘗試所有的可能，不會有今日的我。

然後，我想起油甘果的滋味。

第一次品嚐油甘果的時候，一咬下果實，味蕾感受到酸澀之後，會在隨後瞬間回甘。

油甘果是人生的果實，不經一番寒徹骨，哪得梅花撲鼻香，迷路或撞牆過程中，一一撿拾生命的落果，就能慢慢累積成豐富沿途風景的養份。

成就夢想非得歷經酸甜苦辣，不夠苦、不夠酸、不夠澀，如何凸顯後來的甘甜？原來，這正是翻轉生命的關鍵。

迷路小語

「轉個彎吧！換個角度想。」每個人都這麼說。但是誰真正做得到呢？創業之後，感觸更深。

很多時候，只有自己立意良善是不夠的。過去我常常搞不清楚狀況，把業務行程約得很滿，包括醫美的朋友、通路商，像無頭蒼蠅一直瞎忙，什麼成果也沒有，就只是空領公司的薪水，自己都覺得不好意思，原因在於，我忘記與別人合作最重要的事情：「銷售產品之前，為什麼值得對方的信任？又如何幫助對方創造價值？」

直到暫時停下腳步、重新聚焦後，決定重組公司，將重點放在發展油甘果的相關產品，調整走向再出發，一如取名「妍昫」的意涵：「讓愛延續」。這也將是此後人生最重要的故事。

3-4

正念，吸引力法則

迷宮拼圖第十六站：**利他**

「我們如何確定自己的目標？」

「如果你知道去哪，全世界都會為你讓路。」——達賴

謙讓出來的道路，不只可以行走，還能夠種植大樹，提供庇蔭，夏日乘涼，冬日取暖。原來成就別人，正是成就自己，一如吸引力法則，當拋出了一個善意，將聚攏並締結更多的善意。

此刻，站在花圃前的我，還能夠多做些什麼嗎？

把自己的故事搬上舞台

啟動回饋社會的契機，來自於堂妹，一名高高瘦瘦，長相甜美的女孩子。因為和她十分要好，於是邀我一同參加社福關懷的課程，也就二話不說答應了。課程規定結業前，學員們必須在兩個禮拜內實際籌劃公益募款活動，目的要讓每個人發揮自己的專長，透過團隊活動學習創造的可能性。

「既然要做社福活動，我想做和癌症有關的主題，因為自己生病的經歷，相信會更有說服力。」某次團體討論中，大家七嘴八舌討論著活動內容時，我道出內心的想法。出乎意料的，這個提議竟然獲得同學的支持，討論話題延伸到：要找哪些癌有機構合作、邀請誰表演、要向誰募款等細節，方向確立，隨後進入籌備階段。

「演成舞台劇吧！」我說：「把我的故事搬上台，用戲劇方式呈現，相信可以鼓勵到很多人。」不知是哪來的勇氣，竟然敢以自己為腳本，而組員也欣然同意，活動內容漸漸成形。

轉念是種修行，如何安撫自己易受鼓譟的心，
需要不斷練習。

看著大家熱烈討論的臉龐、話語，想起小時候擔任話劇女主角，即使家人沒有親自來看，但是演出結束時，聽到台下熱烈的掌聲，心裡滿滿的成就感。

重拾起過往的美好的記憶，走過憂傷，相信這次一定演出順利！

除了舞台劇之外，另外邀請魔術表演、地下樂團助陣，透過售票的方式募款，扣除成本之後，盈餘全數捐贈台灣癌症基金會，蘊含著取之於人，回饋社會的利他情懷。

活動的最大意義，不在結果成敗，而是團隊過程中的共同體驗，從中發覺潛能，成就自己和他人。

回饋和利他，比賺錢還重要

好消息是，舞台劇的成果，不只感動了自己，也感動了台下的觀眾。

我請朋友花了兩個星期的時間，幫忙編出舞台劇，以我的人生為腳本，講述從幼稚園、年少時期偷嘗禁果，到後來進入八大行業上班、罹患癌症，到如今現在的自己。這一連串的經歷，透過數個團體成員詮釋，以戲劇表演呈現。隨著情節走到動人之處，台下的人全都哭成一片，而Tino等一群好友也都十分捧場，全部到場支持。

這些生命歷程，不是想告訴別人，人生有多坎坷，只想提醒那些一樣罹患癌症、深陷低谷的朋友，就算前路看似山窮水盡，仍有能力做些什麼，翻轉自己。

我深信，願意真心付出，別人若能感同身受，必然回饋相同的價值，如果沒有做到這些的話，一切只是空想；即使想盡辦法，用其他方式取得任何資源，心靈也不會滿足與快樂。

未來，我想帶著還可以行動自如的癌症病患，服務那些已經行動受限的病友，希望藉由團體內的互助，讓他們找回生命的價值。

只要心中有愛，就足以散發巨大的能量。

親情、友情、愛情，正是人們的能量來源，
分享、給予、付出，讓能量金三角顛簸不破。

迷路小語

生命的價值在於寬度，而非長度。

我並不懼怕死亡，害怕的是，在死亡之前什麼也沒留下。所有選擇決定了一個人生命的價值，如果要說我找到了什麼目標，大概就是「製造生命的寬度，創造無限可能性」，有誰想過曾經在八大行業工作，連高職都沒畢業的女孩子，今日得以實現自我，募款助人、成立公司，並且出書成為作家呢？

如果，連我都可以完成，那麼世界上每一個人，都有無限潛能。

「當自端心，正念求度。」正念，根植於心田的意念，是一種純粹的能量。許多的正念，就像是開滿福田的種苗，為自己、為生命帶來無限的盼望。如同陽光、空氣和水的照拂和灌溉，幼苗才會越長越大，開花結果，連綿延續至下一季的收穫。

3-5

撿拾落果，走上創業路

迷宮拼圖第十七站：**信念**

把那盞鹵素燈開亮一點吧。房間裡的光線太暗了。親愛的，請繼續寫。你的信一定會寄到我這裡來。你可以用你真正的、小的不能再小的字體。我會把它拿到燈前來看。我會用我的愛將它放大。——蘇姍・桑塔格（Susan Sontag）作家、評論家

如果說，一千公克的砂石，能提煉出一公克的金礦，與浩瀚的書海相比，我唯有不斷寫下自己微不足道的故事，匯聚沿途的辛酸血淚，才有可能凝煉成一則美好的信念。

繞了一圈，才明白家的樣子

「我想有個家，一個不需要華麗的地方，在我疲倦的時候，我會想到它……」潘美辰《我想有個家》，陪我度過了最脆弱的階段，給予莫大的力量。以前，不知道什麼叫做「家」，或許歌詞寫出內心深層的渴望，每每旋律響起，眼前就開始模糊。

或許，有些人的家庭並不完美，隱含暴力或各種因素，而偏離了幸福的方向，但依循信念指引，就能走在返家路上，找回內心的安全感。

心中對於「家」的形象，是大伙們熱鬧地聚在一起，真心愛著彼此，更能愛屋及烏，不單單侷限於血緣親情。即便吵架也是一種溝通方式，就像煮菜一樣，為了炒出一道好吃的菜餚，要先熱油爆香，滾跳的油四處噴濺，有時難免傷到人。

透過吵吵鬧鬧的磨合中，找到調整火侯開關，改善料理技巧，久了自然「炒出一桌家常好菜」。

只要有愛，家就有了溫暖，可以遮風擋雨。

我常常對女兒說，希望她滿十八歲就離家獨立，唯有離開家之後，才會懂得「家」的重要性，真正明瞭「原來媽咪那麼愛我！」學會珍惜現有的一切。

從小便開始遠行「離家」，被大人們放逐在各個親戚家，四處轉學，兜兜轉轉一大圈，靠著心靈的力量，終究走上正確的道路，找到「回家的路」。過程中跌跌撞撞，偶有迷失，留下無數傷心的印記，但心中有愛，傷痕就會淡化。

很多人認為，因為本身單親的狀況，心靈有無法填補的破口，如何好好愛孩子？孩子在缺少愛的環境，也覺得難過，進而生命起了重大改變。不是「單親」讓子女走上歧路，而是「單親後的作為」，使他們誤入歧途。

但是，是誰說，時尚是外表的定義呢？如果能夠引領心靈潮流，讓更多人可以追隨正面的力量，不也是一種時尚？

「單親是一種時尚！」我對很多類似處境的朋友這麼說。

並非單親這件事，讓孩子走上歧路，但單親後的有所作為，可以導引他們走回家的方向。

身為一個單親媽媽，我明白，當一個母親是多麼辛苦，又多麼偉大，未來希望，透過公司的力量，增加單親家庭的親子互動，由「姸昫」提供魚竿，教導單親家長釣魚的方法，即便沒有後盾，也有能力照顧子女，將是一件助人又益己的事。

以愛為中心點，畫出同心圓，這股力量，讓我們一起把家的屋簷往外擴展。

這是我的美好願景。

愛，讓自己活出意義

許多朋友看見我在工作上的投入，除了真心支持，也嚷嚷著要我再談感情，希望能夠找到對的另一半，好好過生活。

說不期待是騙人的，誰不想要被呵護疼愛呢？

但是，核心問題是：「你夠愛自己嗎？」

若是都不懂得愛自己，如何懂愛人呢？

有些人需要愛情的灌溉，有些人一輩子受親情羈絆，又有些人重視朋友勝於一切。

「愛」是看不見、摸不著的關懷，可以確定的是，「愛自己」，是回家唯一的路。

此外，「家」也不一定是實體的房屋，而是無形的概念。如同我現在和女兒、媽媽一起生活，爸爸在高雄和姑姑同住，這些都是我的家，只要心裡有歸屬感，人在哪裡，家就在哪裡。

也許，就是覺察到生命需要一份歸屬感，促使我將過往歷程一字一句寫下。

寫作過程像是在迷宮中找路，我曾遲疑做這件事，是對？是錯？嘔心瀝血、毫無保留，赤裸裸揭露出自己的人生瘡疤，到底有什麼意義？

「上天讓妳活下來了，妳可以為他人做些什麼？」每當質疑再起的時候，就想起這句話。

活下來這麼艱難，我竟然做到了，背後是有用意的吧？也許，並不是想歌頌我有多厲害、多勇敢，只是希望透過自我剖白，啟發讀者的正面能量。

如果有人因而受到鼓舞、幫助、轉念，進而突破現階段的障礙，走出生命迷宮，這就是書寫的意義，也是對於活著這件事最好的回饋了！

迷路小語

沒有一個人是完美的，但是不完美，也可以擁有美麗人生。

給予愛、接受愛，人生就會是快樂的循環。有些人願意給予，但是卻不接受他人的愛，那麼他懂愛嗎？反之，有些人只一味接受，卻不懂得付出，又懂什麼叫愛嗎？在我們身邊有多少人是不吝惜給予，亦樂於接受的呢？

這是一門艱難的課題。

《心經》，一部以智慧到達「彼岸」的經典，有多少人耗盡一切、窮盡一生的追尋，就為了能夠到達彼岸，可是彼岸真的在遙遠的那一端嗎？

轉念一想，也許會發現彼岸就在一線之隔，一步之遙。

尋路過程，沿途辛酸血淚所凝煉而成的美好信念，散放在每個拐彎處，讓我們帶上信念，撿起最後一塊拼圖，回家。

你問我：「迷路怎麼回家？」
我告訴你，如果沒有這些曲折，就沒有現在的我。
依循信念的照引，就會走在返家路上。
只要心裡有所歸屬，人在哪裡，家就在哪裡。

前路曲折，才看得見家的稜角；
過站顛簸，才認清楚家的歸向。
讓我們一起走出迷宮，
回家！

【後記】
感謝不斷拐彎的人生

別沿著路走，往沒路的地方去，並留下足跡。

——愛默生（Ralph Waldo Emerson）思想家、文學家

▲凝視傷痛，復刻心路履痕

「生命中的所有傷痛，都是最美的安排！」

Tino和kevin曾說，每一段際遇都是老天爺給的禮物，而人生就是學習拆禮物的過程。從來不覺得自己有任何奇特之處，直到提筆用文字復刻心路履痕，才驚覺一路的坎坷與曲折，正是層層蛻變的起點：

失溫的親情，輾轉流離的童年，讓我一度懷疑家的意義；
失序的童年，受到誣賴和侵犯的噩夢，瓦解對人的信任；
失蹤的青春，為了賺錢，踏入燈火霓虹的酒店，嚐盡人情冷暖；
失落的關係，婚姻觸礁，染上酒癮，把自己逼到自我毀滅的地步；

失常的身體，二〇一〇年醫生宣判罹患末期淋巴癌，凝視死亡；失衡的心理，病痛纏身，出賣靈魂，恍惚中當起詐騙集團車手……每每失望透徹之際，上天竟一再向我展現歧路，一邊是懷抱希望的天堂，一邊是考驗勇氣的地獄。

重回事件現場，並非奢望「要是時間能夠重來，我可以怎麼選擇？應該怎麼做？」其實，再次直視傷痛，只為了找出問題核心，期許未來的每段路上，不讓自己重蹈覆轍，也能提供些許借鏡。

▲生命如迷宮，終點即起點

過去有很長一段時間，經濟重擔落在我一人身上，不願對外求援，自己猶如走鋼索的人，拿青春作賭注，漠然闖入八大行業，也讓身體亮起紅燈。然而，不能全將變相的價值觀，全怪罪於身世或命運，正因為這也是出於意志的選擇，每個人都必須對自己負起責任。

曾在酒店的上班經歷，一度讓我感到自慚形穢，但檢視過往後，能夠理解，所以坦然。明白好好接納各種不堪，是迎接光明的第一步。

回到彼時，帶我看見當下的力量，過去的選擇，決定了現在，也影響著未來；然而，人生

並沒有一條「指向正確」的路，走錯路，反而看得更多。

走過各站旅程，當「迷宮拼圖」找齊在各個關口所掉落的殘片，「尋路地標」指向尾聲——返家最後一站，才發現迷宮是一個圓，終點即起點。

生命有如迷宮，也許你也曾經徬徨失措，在傷痛裡兜圈子，但要相信，一定找得到反轉前進的方向。

感謝這條不斷拐彎的人生，引導我朝向有光之處，不只讓自己發光，也帶給別人明亮。

國家圖書館出版品預行編目（CIP）資料

迷路回家：生命為我拐了許多彎 / 蔡稀尹作 . -- 第一版 .
-- 臺北市：博思智庫 , 2017.2, 面；公分
ISBN 978-986-93947-2-7（平裝）
1. 蔡稀尹 2. 臺灣傳記

783.3886　　105024192

GOAL 19

迷路回家
生命為我拐了許多彎

作　　者｜蔡稀尹
內頁插畫｜馮　寧
執行編輯｜吳翔逸
專案編輯｜宇　涵、胡　梭
資料協力｜陳瑞玲
美術設計｜蔡雅芬
行銷策劃｜李依芳

發 行 人｜黃輝煌
社　　長｜蕭艷秋
財務顧問｜蕭聰傑
發行單位｜博思智庫股份有限公司
地　　址｜104 台北市中山區松江路 206 號 14 樓之 4
電　　話｜（02）25623277
傳　　真｜（02）25632892

總 代 理｜聯合發行股份有限公司
電　　話｜（02）29178022
傳　　真｜（02）29156275

印　　製｜永光彩色印刷股份有限公司
定　　價｜280 元
第一版第一刷　西元 2017 年 2 月
第一版第二刷　西元 2024 年 6 月

ISBN 978-986-93947-2-7

博思智庫股份有限公司
博思智庫粉絲團　Facebook.com/broadthinktank